郡是
GUNZE

創業者 波多野鶴吉

八幡 一男

京都新聞出版センター

鶴吉の生家（写真は改築後の姿）

養家の波多野家があった馬場集落

鶴吉の妻・葉那

青年期の鶴吉

カイコ

生糸の原料となる繭

郡是初期の工場

工場で糸を繰る工女たち

独特の光沢を放つ生糸

貞明皇后が下賜した香炉

貞明皇后行啓のために設けられた御座所

鶴吉が着ていた羽織

鶴吉・葉那が暮らした社宅の一部を移築した「道光庵」

鶴吉の書

戦後初期の郡是の幹部たち。最前列の右から６人目が社長の林一（昭和21年）

絹で作られた軍需品

絹靴下の製造に使われたフルファッション編機

生糸事業から加工事業へ転換したストッキング

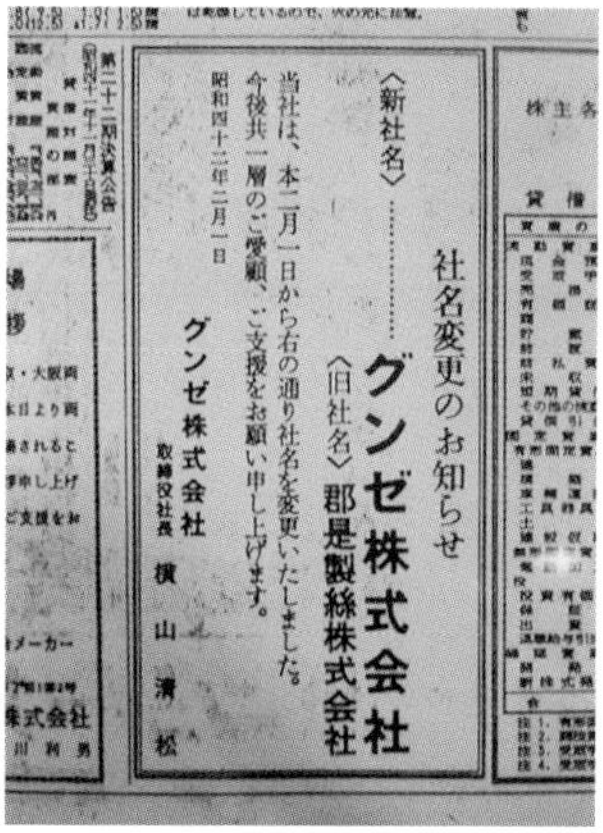

社名変更のお知らせ

〈新社名〉……グンゼ株式会社
〈旧社名〉郡是製絲株式会社

当社は、本二月一日から右の通り社名を変更いたしました。今後共一層のご愛顧、ご支援をお願い申し上げます。

昭和四十二年二月一日

グンゼ株式会社
取締役社長　横山清松

社名変更広告

グンゼのプラスチックフィルムが使われている商品群。ペットボトルのお茶から洗剤まで日用品に幅広く使われている

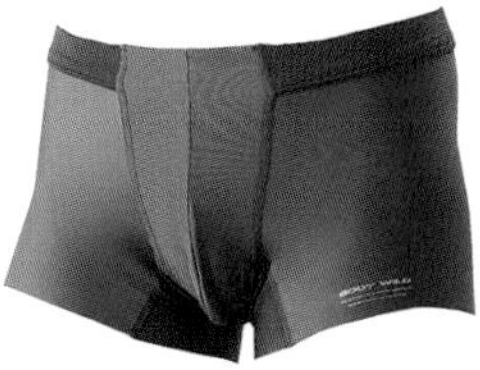

主力商品の下着「BODY WILD（ボディワイルド）」

グンゼ博物苑。繭蔵を改装した「創業蔵」などの展示施設が立ち並び、綾部の観光名所になっている（綾部市）

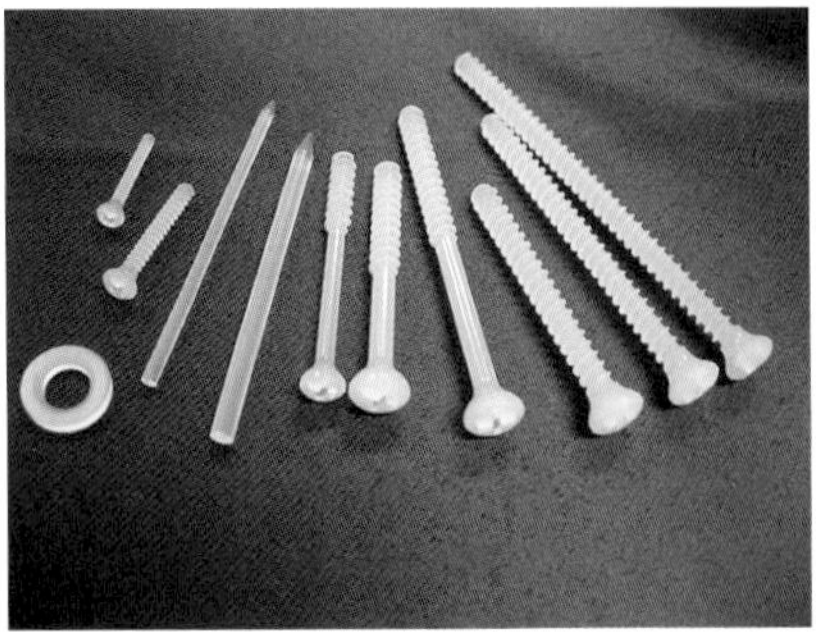

グンゼが開発した吸収性骨接合材。医療分野にも進出している

南ヶ丘公園（綾部市神宮寺町）にある鶴吉の像

鶴吉の没後100年を記念して上演された市民劇

郡是――創業者　波多野鶴吉

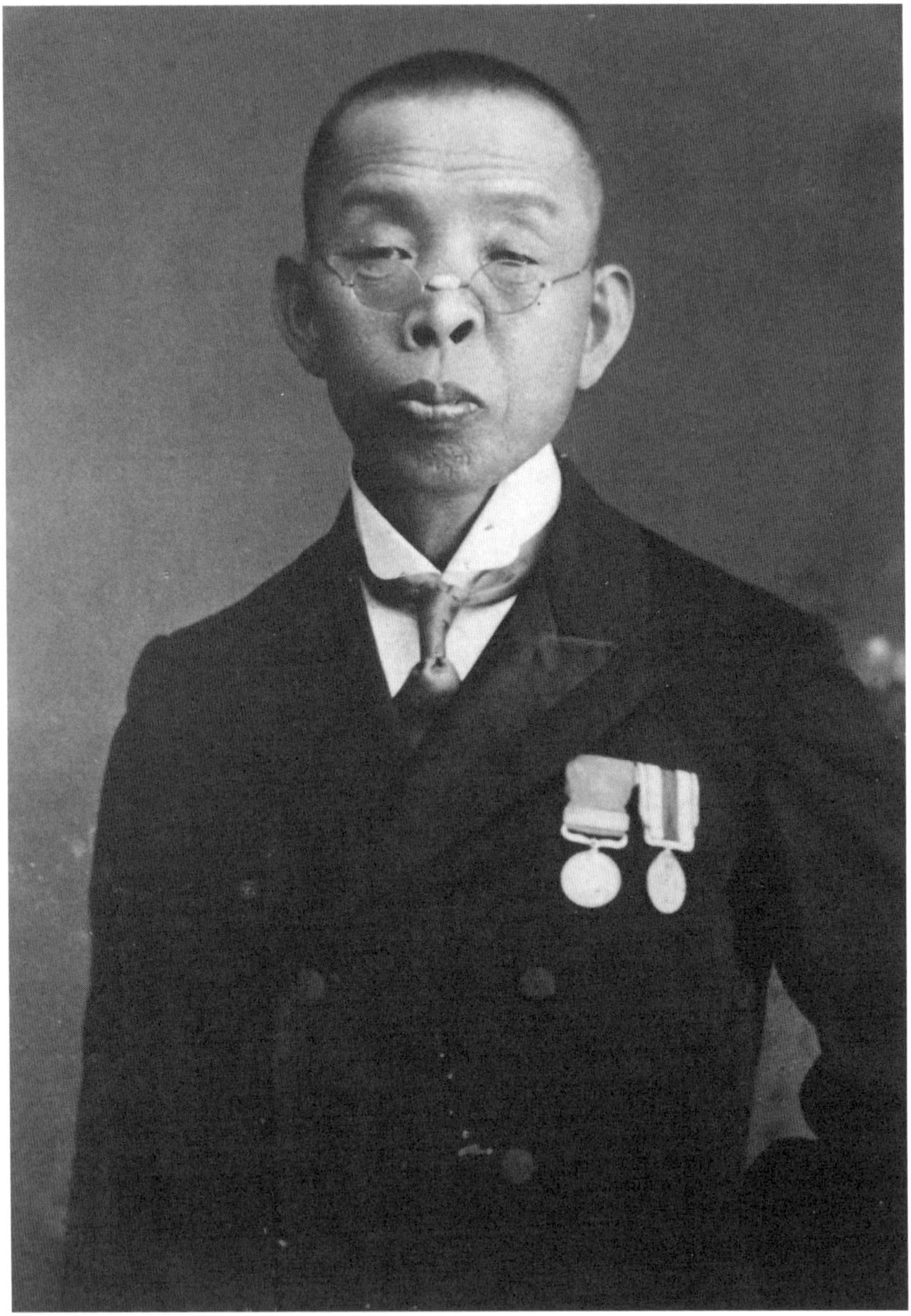

波多野鶴吉

はじめに――どん底から「郡是」へ

米国の鉄鋼王アンドリュー・カーネギーは、「大事業家になる条件」として次の四つを挙げている。

一、貧困に育つこと
一、または貧困を経験すること
一、大学を卒業しないこと
一、機械的に仕事をこなすだけの人間にならないこと

「経営の神様」と呼ばれた松下電器産業（現パナソニック）創業者・松下幸之助も、自身の成功の理由を尋ねられ、「家が貧しく、病弱で、小学校しか出ていなかった。これらがあったから、世の中から貧乏を無くしたいと思ったし、人を信じて人に任せることができた、人の言うことに耳を傾けることができた」と答えている。

小さな起業から始め、非凡な才能で世界に知られる大企業にした創業者は多いが、本書の主人公である波多野鶴吉《はたのつるきち》は、その人生の波瀾万丈さで際立っている。幕末に京都府内で有数の財を持つ大庄屋の次男として生まれたが、8歳で養子に出され、23歳で破産した。数学の才があったが、次々と事業

に失敗し、財産も信用も全て失う「どん底」を味わった。破滅した人生をやり直し、人のために生きようと、鶴吉が創業した製糸会社が「郡是製絲《せいし》（糸）株式会社」、後のグンゼだ。

「グンゼ」と聞くと、「ああ、あの下着を作っている会社ですね」と多くの人が口にする。ただ、グンゼはもはや「下着」だけの会社ではない。総合アパレルメーカーであり、ペットボトル飲料に使われているプラスチックフィルムでは国内トップシェアを誇る。１９８０年代からは、体内で分解される手術用糸や再生血管の開発・生産といった先端医療にも進出。現在では世界10カ国に展開し、従業員は６千人を超えている。

鶴吉の名は、創業地の京都府綾部《あやべ》市といった、ゆかりの地域では、「鶴吉翁」と今も生きているかのごとく親愛の情をもって呼ばれるが、全国的にはほとんど知られていない。鶴吉が松下幸之助のように社名に自分の名を冠することがなく、経営哲学を伝える本も遺さなかったためだ。

グンゼは本書のタイトルにもなっている言葉「郡是」に由来する。これは「国には国の是、郡には郡の是がある（国には国のやるべきことがあり、地方には地方のやるべきことがある）」という産業運動指導者・前田正名の演説から来ている。私が鶴吉に惹かれるのは、彼が一代で大企業を興したことではなく、どん底にまで落ちながら、農家の子どもたちの貧困を目の当たりにし、地域のために生きることを決意して人生をやり直した点だ。企業規模だけで序列化するなら、ほかにいくらでも秀れた創業者はいる。鶴吉を鶴吉たらしめているのは、地域と共に生きる企業を興し、没後１００年以上がたった今も、その思想が後進たちに受け継がれ、実践されている点である。

第一国立銀行（現・みずほ銀行）など企業約500社の設立・経営に携わり、「日本資本主義の父」と呼ばれる明治の経済人で実業家の渋沢栄一は「合本《がっぽん》主義」「公益第一」を唱えた。20代で欧州の近代文明を目の当たりにし、アダム・スミスの「国富論」より一歩進んだ思想を生み出した。

鶴吉は生涯を通じて海外で学んだことがない。京都府北部の地方に生まれ育ちながら、流転の末、貧しい子どもたちと出会い、渋沢と同じ「企業は地域のため、みんなのため」という思想にたどり着いた。

本書は、知られざる綾部の巨人・波多野鶴吉の物語である。

本書は、京都新聞に連載した「グンゼ創業者　波多野鶴吉をたどる」（2018年10月～20年4月）を加筆修正したものです。年齢・生没・肩書きは取材当時のものです。

郡是《グンゼ》――創業者 波多野鶴吉 目次

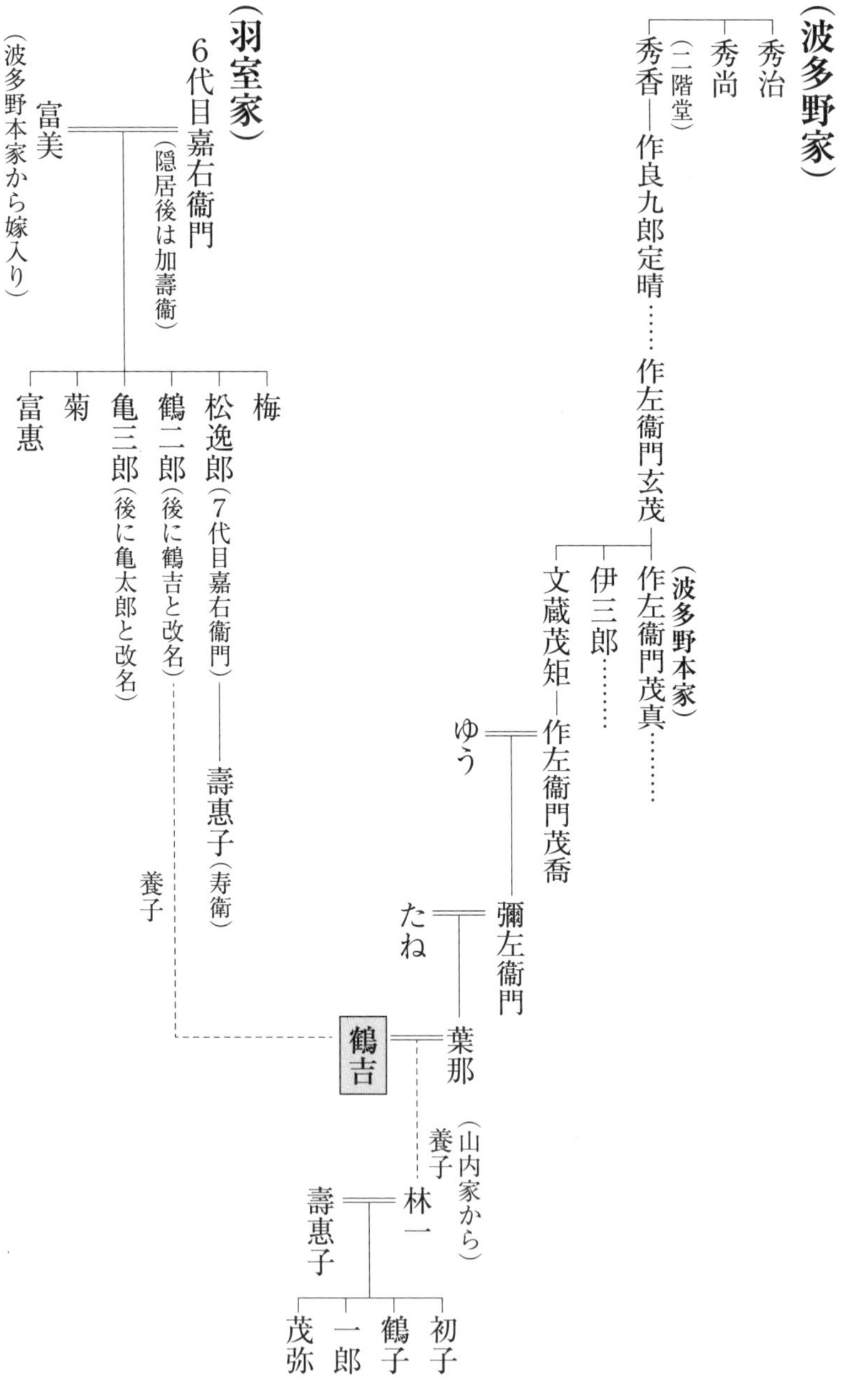
（波多野家）
秀治
秀尚
秀香（二階堂）
作良九郎定晴
作左衛門玄茂
作左衛門茂真（波多野本家）
伊三郎
文蔵茂矩
作左衛門茂喬
ゆう
彌左衛門
たね
葉那
鶴吉
養子
林一（山内家から）
壽惠子
初子
鶴子
一郎
茂弥
（羽室家）
6代目嘉右衛門（隠居後は加壽衛）
富美（波多野本家から嫁入り）
梅
松逸郎（7代目嘉右衛門）
鶴二郎（後に鶴吉と改名）
亀三郎（後に亀太郎と改名）
菊
富惠
壽惠子（寿衛）
養子

● 関連地図

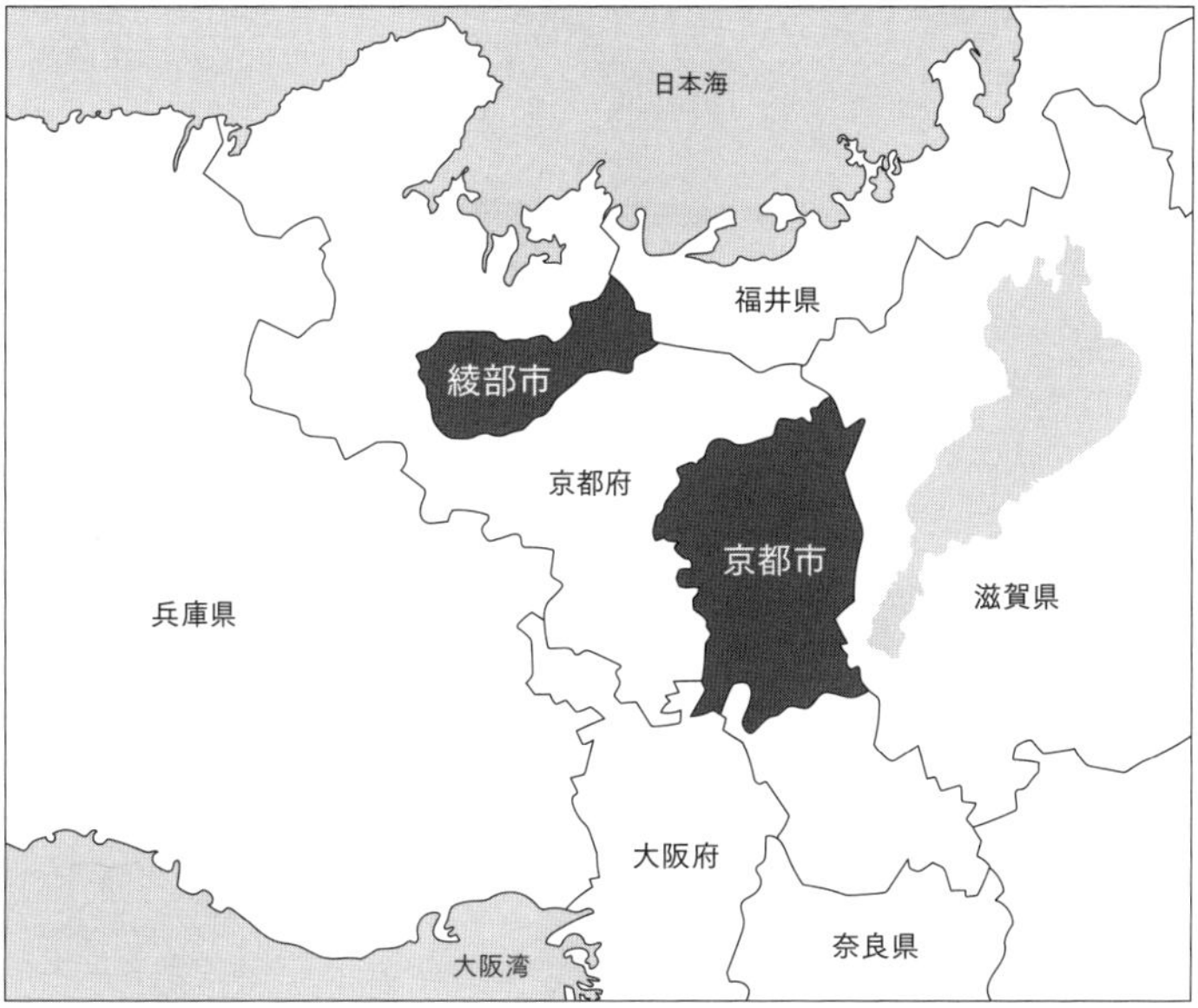

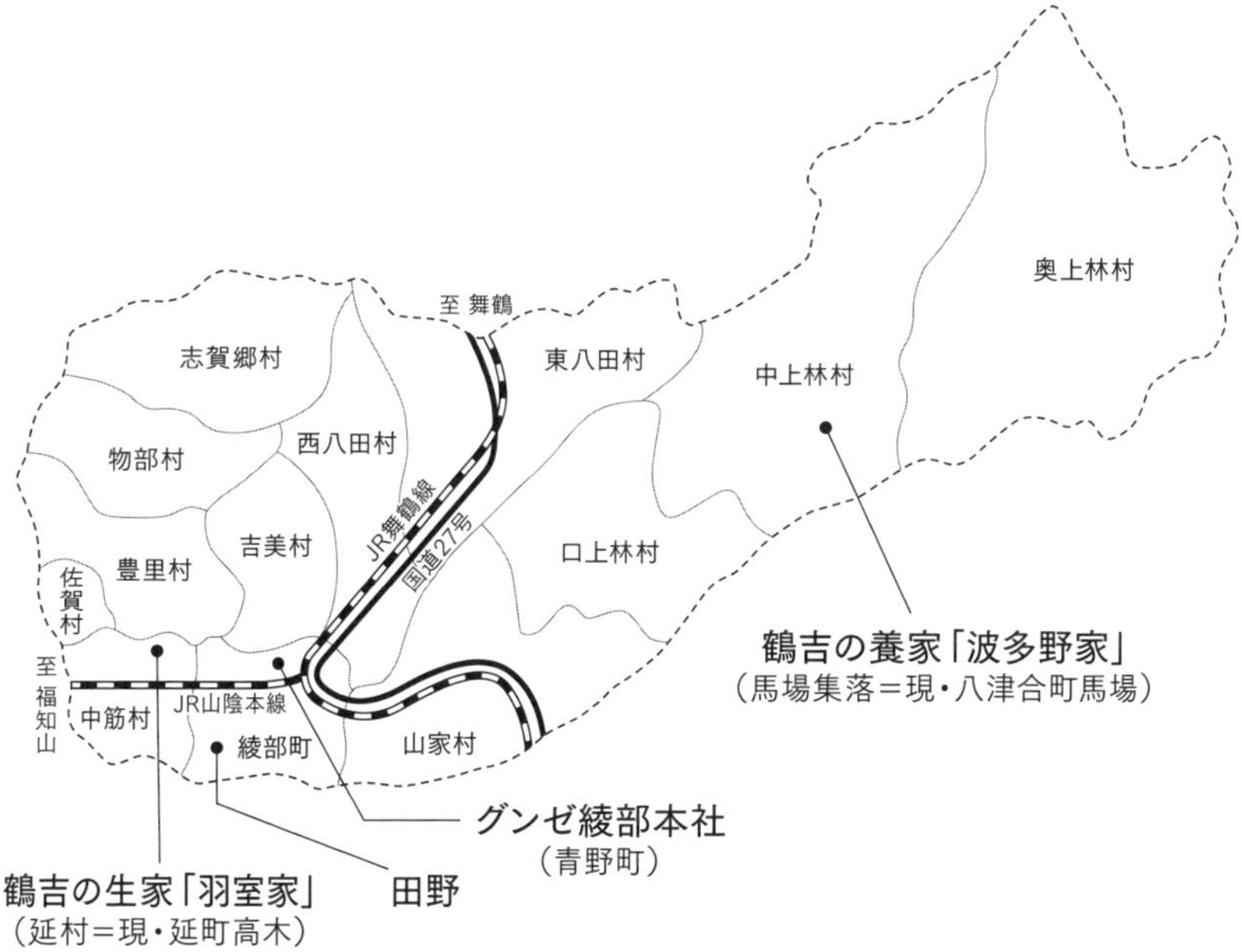

旧 何鹿郡(現在の綾部市)　出典／「宥座の器」より一部加工

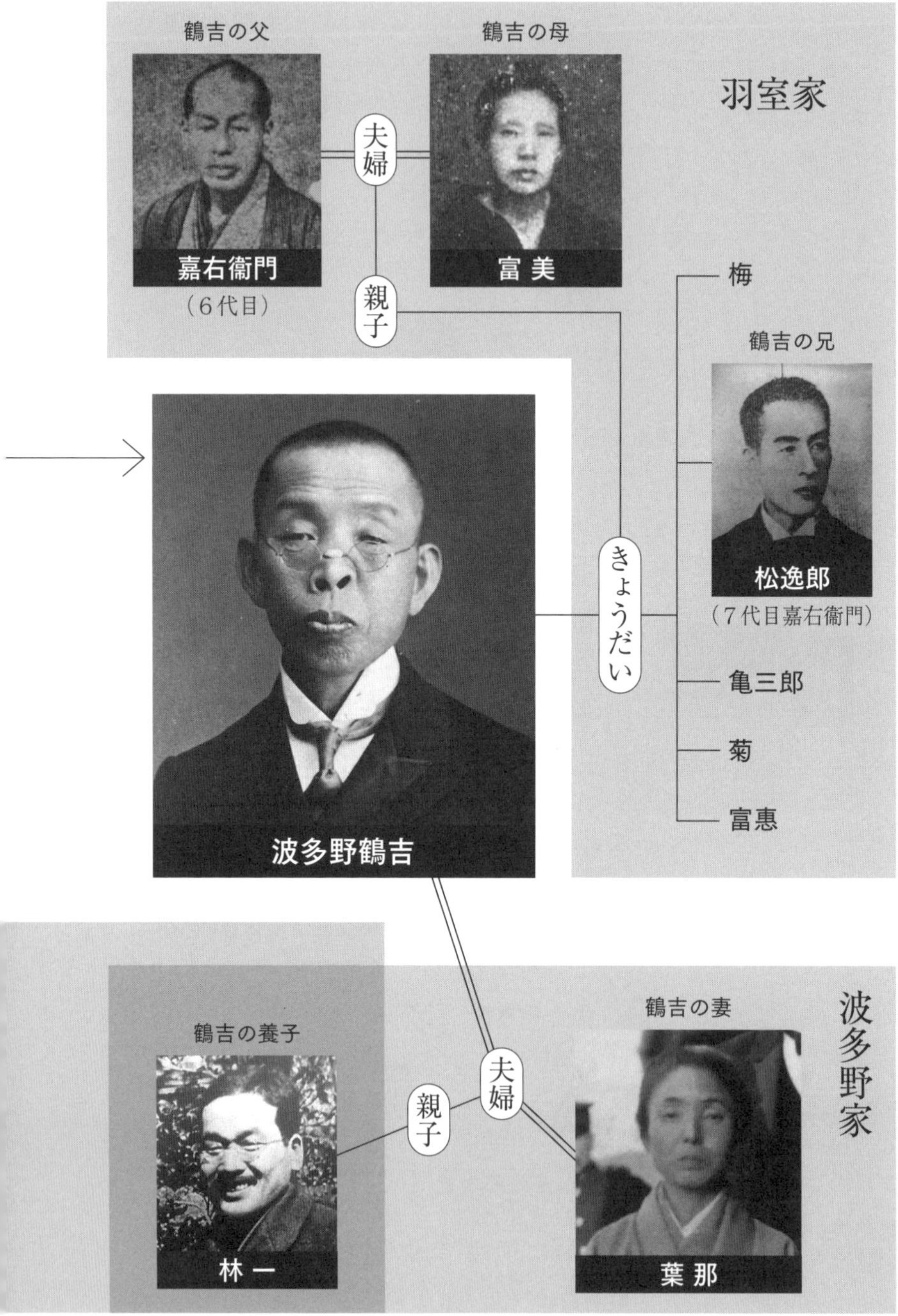
羽室家
鶴吉の父
嘉右衛門
（6代目）
鶴吉の母
富美
夫婦
親子
梅
鶴吉の兄
松逸郎
（7代目嘉右衛門）
亀三郎
菊
富恵
きょうだい
波多野鶴吉
波多野家
鶴吉の養子
林一
鶴吉の妻
葉那
夫婦
親子

財や人で支援

銀行王

安田善次郎

(国立国会図書館提供)

99頁

キリスト教思想家

内村鑑三

(国立国会図書館提供)

69頁

顧 客

スキンナー商会社長

ウィリアム・
スキンナー

92頁

貞明皇后

124頁

行啓

影響を与えた人たち

「郡是」を演説

前田正名

70頁

組長に抜擢

梅原和助

56頁

養蚕で議論

田中敬造

52頁

郡是製絲

教育部長

川合信水

97頁

鶴吉の右腕

片山金太郎

85頁

プロローグ

没後100年、衰えぬ尊敬

「60銭？　なんぼなんでもこれだけの繭が60銭とは。ひどい」

スポットライトの下、舞台上で、丸めがねをかけた小柄な男が腕組みしている。正座し、うつむいてはいるが、背中から立ち上るような義憤を発している。

男のかたわらには、養蚕農家の母と子。昼夜問わず、カイコを世話し、やっとできた繭が売れようとしているにもかかわらず、表情は暗い。

「安い？　安いといってもどうもならんのや。そりゃ安くて嫌なら売ってもらわんでもいいが、その繭を腐らしたところで、損するのはお前さんの方や」

繭が売れなければ、明日から生きていく糧がない。そんな母子の窮状につけこむように、仲買人が繭を買いたたいていく。

スポットライトが消え、ナレーションが始まる。

「（男は）養蚕農家の問題を解決しようと考えます。これこそ自分が天から与えられた使命として」

京都府北部、人口3万1千人の綾部市。平成30（2018）年2月、街中に立つ企業ミュージアム

市民劇「波多野鶴吉物語」で、繭を買いたたく仲買人（右端）に憤る若き日の鶴吉（左端）＝綾部市青野町・グンゼ記念館

「グンゼ記念館」（青野町）で市民劇が上演された。演目は「波多野鶴吉物語」。明治29（1896）年、「共存共栄」を掲げて製糸会社「郡是製絲《ぐんぜせいし》（糸）株式会社」（以下「郡是」）を興し、日本を代表する繊維企業「グンゼ」に育てた男、波多野鶴吉《はたのつるきち》の生涯をたどった寸劇だ。劇は鶴吉の生い立ちから挫折、失意の帰郷を経て、大製糸会社を興す運命的な出会いへと進んでいく。

鶴吉や母子を演じるのは、自ら手を挙げた綾部市民とグンゼ社員計19人。脚本も舞台も全て手作りの素人芝居にもかかわらず、上演には市民が数多く詰めかけ、会場は隙間がないほどの満席だった。

観客たちは長年見知った隣人を見るように、舞台上の「鶴吉」を見つめていた。養蚕農家の母子の窮状に涙し、卑劣な仲買人に憤る。幼き日のやんちゃな鶴吉が遊ぶ姿に笑い、創業を喜んだのもつかの間、倒産の危機に陥るシーンでは、手を握りしめていた。

鶴吉は100年以上前の大正7（1918）年に60歳で世を去った。演者にも観客にも鶴吉を直接知る人はいない。にもかかわらず、綾部の人々は鶴吉に心を寄せ、「鶴吉さん」「鶴吉翁」と世を去って1世紀が過ぎた今も敬称で呼ぶ。

市民劇の上演前、観客席を埋める市民

市民劇に出演した上林隆さん（65）＝綾部市舘町＝は、父方、母方の祖母がいずれも郡是の教婦（工女＝女工の指導役）で、2人の縁で父母は結婚した。明治時代、製糸業は過酷な長時間労働が当たり前だったが、鶴吉は教育を重視し、工女たちに算術、習字を学ばせた。父方の祖母みねは巻紙にスラスラと手紙をしたため、計算式を理解するほどの教養を工場で身につけた。郡是は「表から見れば工場、裏から見れば学校」とまで呼ばれた。

上林さんは「整理整頓の大切さから、時間を大切にする、物事に優先順位をつけるといった心構えを祖母に教わった。鶴吉さんの教えがなければ、今の私はない」と言い切る。

「郡是」という社名は、鶴吉が大きな影響を受けた前田正名の演説「国には国是、郡には郡是」から来ている。「国には国がやるべきことがあり、地方には地方がやるべきことがある」という意味だ。鶴吉は私を捨て、生涯を地域のために生きた。郡是はいま、日本を代表する繊維大手企業「グンゼ」になっている。アパレル、プラスチック、先端医療にまで事業を展開し、従業員は世界10カ国・地域で6千人を超える。発祥地の綾部は今も郡是の有形、無形の遺産が数多く残り、人口減少が進む中でも、移住の先進地として光を放っている。

鶴吉が偉大な創業者になるまでの道は平坦ではなかった。鶴吉は生家の羽室家から8歳で養子に出される。時は薩長同盟が成立した慶応2（1866）年。日本はまだ、明治の夜明けを迎えていない。

第1章

幕末に生まれ、明治へ

鶴吉の生家（写真は改築後の姿）

養子

山村、寂しさに耐え

波多野鶴吉は安政5（1858）年2月13日、何鹿《いかるが》郡延《のぶ》村（現在の京都府綾部市延町）で、街道が近くを走り、京都府北部の水運の大動脈である由良川が裏を流れる大庄屋・羽室家の次男として生まれた。父・嘉右衛門《かえもん》（6代目）が31歳、母・富美が24歳の時の子どもだった。

羽室家は、屋敷から現在では隣の市となっている福知山市にまでまたがる広大な土地を有する何鹿郡一の大庄屋で、「延の嘉右衛門さん、ないものないが、金の茶釜がない不思議」と唄われるほどだった。

安政5年は江戸幕府の大老・井伊直弼が米国など5カ国と通商条約を結び、横浜開港を決定、尊王攘夷派を弾圧する「安政の大獄」を始めた年で、その騒然とした雰囲気は、延村にも伝わっていた。変事を知らせる早籠が街道を行き来する状況が続き、子どもたちの間で「ホイホイ」と言いながら竹の棒を担いで走り回る遊びがはやるほどだった。

鶴吉が6歳になっていた元治《げんじ》元（1864）年には、新撰組が攘夷派の志士を襲撃する「池田屋事件」、京の御所で長州藩と会津・桑名・薩摩藩が武力衝突する「禁門の変」が立て続けに起きている。延村近辺でも、「ええじゃないか」と呼ばれた「お蔭参り」がはやり、京都の血なまぐさい風が

父の羽室嘉右衛門（6代目）

母の富美

人々を不安にさせていた。

鶴吉は8歳になった慶応2（1866）年、中上林村八津合の馬場集落（現・綾部市八津合町馬場）にあった波多野家に養子に出された。羽室家には、長男・松逸郎、次男・鶴吉、三男・亀三郎（後に亀太郎と改名）という男子が3人いて、父・嘉右衛門が分家による家勢の衰えを嫌い、鶴吉を養子に出したとされる。

鶴吉がどんな子どもだったかはほとんど記録がない。ただ、生まれつきおとなしく、将来を期待されて武家で教育を受けた兄・松逸郎が礼儀正しく、容姿も端正な「優等生タイプ」だったのに対し、鶴吉は「負けず嫌いの元気者」と伝わる。

鶴吉より年上で後に男爵となる九鬼隆一は、馬に乗って羽室家を訪れた少年時代の姿を、まだ4歳だった鶴吉が覚えており、うらやましがったという逸話を後に話している。記憶力だけでなく、好奇心が強かった少年・鶴吉の姿が浮かび上がってくる。

家の方針で養子に出すとはいえ、嘉右衛門ら父母の愛は深く、幼い鶴吉は当然、「行かぬ」と駄々をこねた。しかし、迎えの馬を見ると、さっそうとした九鬼の騎乗を思い出したのか、「馬に乗ってなら行く」と言い、短い刀まで腰にさしてもらって、馬に乗って波多野家に向かった。

暗く、さみしい養子先

波多野家とは言っても、養子先は本家ではなく、格下の分家だった。同家は鶴吉を迎える前年の慶応元（1865）年、主人彌左衛門が27歳の若さで死に、その妻で鶴吉にとっては養母となる30歳前後のたねと、まだ40代の姑ゆう、2歳年下の妹となった6歳の葉那（資料によっては「はな」「花」「はな子」「花子」）の3人がいるだけだった。鶴吉の伝記「波多野鶴吉翁伝（以下「翁伝」）は「後家二人に幼い娘一人の、女ばかりのよるべなき家庭」「養母は病弱で絶えず薬餌に親しみ、養祖母もあまり健康ではなく、自然家庭は滅入るように陰気だった」と形容する。

鶴吉が暮らした波多野家分家の家は残っていない。跡地は短い雑草が風に揺れるだけの空き地になっているが、付近の住民たちは、その土地を今も「鶴さん屋敷跡」と呼ぶ。本家の家は分家とは直線距離で約100㍍離れて現存し、本家に住む波多野昌子（あつこ）さん（85）は「葉那の面倒は本家が見ていたので、鶴吉も葉那も本家に出入りしていたと思います」と話す

馬場集落は山奥にある当時30世帯ほどのさみしい地域で、綾部の町に近く、にぎやかな郷里の延村とは対照的だった。鶴吉は山村の生活になじめず、5里（20キロ）を歩いて羽室家に戻り、母・富美のひざにすがって「もう上林へは帰らぬ」と言って泣いたが、厳格な父・嘉右衛門が鶴吉を裸にして門の外に突き出したという話が伝わる。

波多野家では、明治2（1869）年に、たねが死去。その3年後の明治5年にはゆうも世を去る。鶴吉は14歳で葉那と二

人きりで暮らす、ひどくさみしい状況に陥る。馬場集落には友人もおらず、鶴吉の視線は次第に、村の外に向き始める。

鶴吉は明治８年、家を出て、文明開化の波が押し寄せる京都（現・京都市）へ向かう。村と京を隔てるのは山また山。峠の向こうに何が待ち受けているのか、17歳の鶴吉はまだ知らない。

非　凡

雄飛前、学問積む日々

鶴吉は波多野家に養子に入った８歳から京都に出るまでの９年間を無為に過ごしていたわけではない。綾部藩が庶民の教育のために設けていた「廣胖堂《こうはんどう》」で学んだ。生家の羽室家と由良川を挟んだ栗村にあり、全寮制で炊事もした。

鶴吉は葉那に「わしは九つの時から栗村の学校でやっていたから飯炊きは上手だ」と後年話していたという。一方で、同時期に学んだ人々の「（鶴吉の）兄さんが来ていたことは知っとるが、波多野さん（＝鶴吉）の来ていたことは知らぬ」という証言もあり、廣胖堂での在学は短期間だったようだ。

波多野家のある馬場は小さな集落だったが、教育環境は恵まれていた。鶴吉は、領主である藤懸氏の城代家老だった石井半蔵に、ほかの弟子たちに混じって漢籍を学んだ。弟子たちは半蔵が音読するのに続いて復唱するが、鶴吉は黙ったまま。心許なく思った半蔵が鶴吉一人に音読させると、「少し

石井半蔵の邸宅は鶴吉が住んでいた波多野家分家から直線距離で250㍍離れた場所に現存し、子孫の保成さん（84）が暮らす。半蔵が幕末に建てた立派な長屋門が残っており、「半蔵は鶴吉の将来に太鼓判を押していた」と話す

のよどみもなくすらすらと読み、師をして、この子凡庸ならずと思わせた」という逸話が残っている。

　鶴吉は明治3（1870）年に藤懸氏と中上林村にやってきた元会津藩士で西洋軍学にも長じていた古川守衛からも学んだ。当時の軍隊の主力兵器である大砲は正確に砲撃するためには数学知識が不可欠で、鶴吉が後に遊学先の京都で学を深めていく数学についても、初歩的知識はそこで身についていたと思われる。「論語」「十八史略」などに加えて、「日本外史」も習っていた可能性がある。

　鶴吉は京都で数学を、大阪で英語を学び、20歳で数学書を出版するといった驚くほどの学問的才能を発揮するが、背景には幕末から明治初期の日本の教育環境がある。実業家渋沢栄一（1840～1931年）は、日本最初の銀行である「第一国立銀行」（現・みずほ銀行）など企業約500社の創業や経営に携わったが、その教養のベースは、7歳で学んだ「論語」にあり、明治維新の志士たちも同様だった。

　鶴吉が郷里で学問に励んでいた明治8（1875）年までの9年間、何鹿郡でも社会は大きく変化していた。鶴吉が頭のちょんまげを落としたのは14歳の時、明治5年のことだ。「それを剃《そ》ってしまうのは惜しいようでした」と葉那は述懐している。

江戸と明治という二つの時代のはざまで鶴吉は最も多感な時期を過ごした。

遊　学

殖産興業、京で感じて

17歳になった鶴吉は明治8（1875）年1月、馬場集落の波多野家を出て、京都（京都市）に遊学した。その6年間の大半を京都で暮らすが、どんな生活を送っていたのかは謎が多い。鶴吉が当時について多くを語らず、史料もほとんど残っていないためだ。

鶴吉は明治12年、私塾「数理探究義塾」を現在の京都市中京区油小路通押小路下《さが》ルに仲間と創設し、京都府に開業願いを提出している。その中で数学を学んだ自身の学歴に触れ、明治8年1〜6月と同9年9〜12月に「京都中学」で授業を受け、途中は大阪で学んだと記している。

京都中学は府が明治3年に開校した教育機関「京都府中学」を指す。現在の学校制度の「中学校」とは全くの別物で、京都市学校歴史博物館の和崎光太郎学芸員は「内実はほぼ教員養成所。通う人は知的エリートたちだった」と話す。

京都府中学は、鶴吉が学んだ当時、現在は京都府庁がある上京区下立売通新町西入ルにあった。京

鶴吉が学んだ当時、京都府中学があった場所。現在は京都府庁の庁舎が立ち並ぶ（京都市上京区）

都では、鶴吉が移り住んだ明治8年、槇村正直が府権知事に就任した。

京都は明治2（1869）年の東京遷都で荒廃した。遷都によって、公家や官吏たちが東上すると、有力商人達も街を離れ、人口は30万人以上から23万人台に激減。京都御所の公家町も消失した。しかし、京都府が復興に取り組み、新政府から得た勧業基立金など15万両（現在の貨幣価値で約75億円）などで、産業近代化に向けてさまざまな施策を実施していた。

槇村は知事就任前から官主導で、西洋の技術文化導入による産業の近代化を推し進めた。明治3年に旧長州毛利屋敷（長州藩邸、現・中京区河原町通御池上ル）に産業振興施設「勧業場」を創設し、さらに理化学研究施設「舎密局《せいみきょく》」を増設している。梅津に製紙場、桂に製革場、伏見に鉄工所も設立していた。

鶴吉との関係性で注目すべきは、舎密局分局内に製糸場が設けられている点だ。政府が上州（群馬県）に富岡製糸場を設立するより1年早い。製糸場は明治7年に士族に貸し下げられ、鶴吉が京都にいた頃は民営化されていた。

槇村正直
（京都府立京都学・歴彩館提供）

京都府中学の教師には外国人が積極的に登用され、石けん製造の指導に当たるなど、当時の教育機関と産業施設の関係は深かった。鶴吉が勧業場や舎密局を訪れたことを直接裏付ける史料を筆者は見つけられなかったが、好奇心旺盛だった鶴吉が何らかの形で見聞きしていた可能性は高い。

西陣織で府は、洋式の先進的織物技術を導入すべく、明治５年、技術者３人をフランスへ派遣し、５年後の明治10年には織物機を国産化している。大量生産に伴う粗悪品を防止するため、明治10年には、府が「西陣織物会所」を設置し、製品検査を始めている。窯業では、明治11年に来京したドイツ人科学者ゴットフリート・ワグネルが釉薬の研究や焼成技法、透明な洋式七宝釉薬の製法を指導し、工芸品としての七宝を京都で確立している。京都の産業は、生産機構や技術面で飛躍的な発展を遂げ、海外貿易でも躍進を遂げた。

明治５年には、西本願寺と知恩院、建仁寺を舞台に京都博覧会が80日間開催された。翌年からは京都御所内で毎年開催されるようになり、明治14年には御所東南に約１万６千坪の常設会場が設置されるほどになった。

鶴吉が京都にいたのは明治14年まで。明治10年には、神戸と結ぶ鉄道も開通している。殖産興業の掛け声が響く「大産業都市・京都」のただ中にいたことは、山深い丹波地方から来た若者にとって、海外に留学した並の衝撃だった。

先進地から秀れた技術と機械を取り入れ、検品で品質を安定させる…。明治初期の京都には、後に鶴吉が故郷で製糸業を興す際に実践したロールモデルが存在し、その成果を歩いて行ける距離で目にすることができた。鶴吉は生涯、海外で学ぶことはなかったが、それを補うほどの衝撃が京都には存在し、殖産興業の風を肌で感じながら、最も多感な青年期を過ごした。

躓《つまず》き

出版に巨費、人生に暗雲

鶴吉は京都で数学を学んだ。大阪で英語も学び、明治11（１８７８）年には弱冠20歳で、洋算の数学書「啓蒙方程式」を書肆《しょし》（出版を兼ねた書店）から自費出版している。１４０年以上前の本だが、実物は現存し、国立国会図書館（東京都）のデータベースにアクセスすると、誰でも読むことができる。

明治初期、政府は日本の数学教育の主軸を和算から洋算へ大転換し、欧米の数学書が多数翻訳・出版された。「啓蒙方程式」は文中の記述から、英国人数学者アイザック・トドハンターが著した代数学の本を鶴吉が翻訳し、編集し直したとみられる。

「啓蒙方程式」は初学者向けに、一元1次から多元2次までの方程式の問題と解法を記している。現在では中学生が学ぶレベルだが、明治初期の日本は「1」「2」といった洋数字すら社会に定着していなかった。「8」を見た子どもが「このひょうたんのような字は何?」と尋ねる時代で、筆算の

「啓蒙方程式」

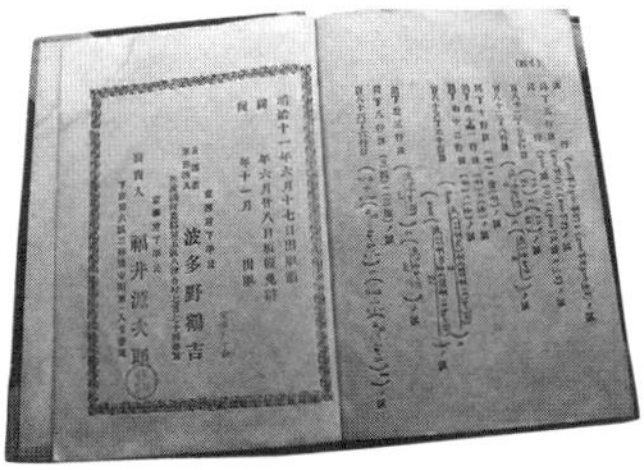

「啓蒙方程式」。当時の日本ではまだなじみがなかった数式記号が使われている

加減乗除すら満足にできる教師はほとんどいなかった。

数学教育史が専門の松宮哲夫・元大阪教育大学教授は、「啓蒙方程式」について「『方程式』『未知数』といった、まだ日本で確立していなかった数学用語が使われており、研究が重ねられている本。原書を理解するために鶴吉は英語も相当できたはず」と同書を評価する。

印刷技術の面で見ても、「啓蒙方程式」は最先端の本だった。京都でまだ書籍が木版だった時代に、東京の新聞などごく一部でしか導入されていなかった活版が使われ、数式記号は希少な輸入活字を使った可能性すらある。江戸末期から続く印刷会社「中西印刷」（本社・京都市上京区）の中西秀彦社長は「印刷に恐ろしくカネがかかっている。現在の金銭価値で考えれば、１０００万～２０００万円ぐらいかかっている」と推測する。

伝記「翁伝」は「啓蒙方程式」について「出版は（鶴吉の）自費でやり、数百円を要して、この時波多野家の上田が売られたといふことである」と記す。鶴吉は出版から5カ月後、私塾「数理探究義塾」を現在の京都市中京区油小路通押小路下ルに学友と開いている。本の利益と教師としての月給３円で自活を試みたとみられるが、「啓蒙方程式」は巨費を投じたにもかかわらず、売れなかった。塾も長続きしなかったよう

「数理探究義塾」があった界わい。マンションや民家、店舗が立ち並び、近くの二条城には多くの観光客が訪れる（京都市中京区油小路通押小路下ル）

で、明治11年には現・下京区烏丸通四条下ル東側で貸本屋を始めている。

数学、英語は明治期、日本最先端の学問だった。両方を20代前半で修めていた鶴吉には「才」も「能」も間違いなくあった。だが、それが出版というビジネスとして商業的に成功するかどうかは別の話だった。京都に来て5年、教育で身を立てようとしていた鶴吉の人生は躓き、暗雲が垂れ込め始めていた。

過ち

放蕩《ほうとう》の噂、郷里で悪評

鶴吉の肖像写真や銅像を見ると、左の鼻が欠けている。伝記「波多野鶴吉翁小伝」（「波多野鶴吉翁伝」とは別、以下「小伝」）は、「鼻欠け」の経緯をこう記す。

その後は自修独学に励んだが、この頃、たまたま悪友に誘われ、柳暗花明の巷《ちまた》に踏入り、享楽の夜を更かし、青春の夢を結んだこともあった。そのかりそめの過ちから不幸にして悪疾をうけ、親譲りの美ぼうから大切な鼻を落し、生涯みにくい顔を世間に曝《さ》らさねばならない破目になってしまった。

鶴吉が京都でどのような青春を送ったのかを伝える史料は少ない。ただ、明治12（1879）年ごろ、貸本屋だった鶴吉宅に下宿していた宮脇剛三が「波多野鶴吉翁伝」に貴重な証言をしている。「（鶴吉は）私と一緒によく岩住へ行った。行くと女将があり合わせの肴《さかな》に酒をつけて出す。二人は中の間の火鉢のそばでチビリチビリそれを飲んで無駄話などをしていた。岩住には芸者（芸妓）が３人に舞妓が３人いて、売れ残りの芸者が来てよくお酌をしてくれた。波多野さん（＝鶴吉）はまことに淡々たるもので、芸者などに戯談一つ言うではなく、おとなしいものだった。（中略）鼻はその頃すでに落ちていた」。

岩住は「翁伝」で「茶屋」と記されているが、京都市東山区で料理旅館を営み、花街の歴史に詳しい正脇良平さん（62）は、証言内容から岩住を「茶屋」ではなく、「置屋」と見る。置屋は舞妓、芸妓をお茶屋の座敷に派遣する場で客は取らない。ただ、鶴吉のような学生が上がり込み、女将が

晩年の鶴吉。鶴吉から見て左の鼻が欠けている

鼻が欠ける前、青年期の鶴吉

「岩住」があったと推定される大和大路通沿い。明治初期は当時最大の花街「祇園新地」が広がっていた（京都市東山区）

世話を焼く文化はあった。

明治時代初期の京都には花街が五つ存在した。「岩住」は当時最大の花街「祇園新地」内、現・京都市東山区大和大路通沿いの新橋通から四条通の間にあったと推定される。明治期に入ると、京都の花柳は隆盛を極めた。「七条新地」（現・下京区、後の五条楽園）など、各花街の周辺には遊郭が軒を連ね、中でも「五番町」（上京区）には学生も通った。「映画すら無い時代。遊郭、花街は男性の代表的な娯楽で、あとは芝居ぐらいしか選択肢がなかった」（正脇さん）。

鶴吉は「若い時に道楽をした」と確かに告白しているが、宮脇の証言は「放蕩《ほうとう》」とはほど遠い。当時の遊郭では梅毒などが流行し、「花柳病」と呼ばれた。京都には鶴吉と同郷の先輩や友人もおり、「小伝」が示す通り、宮脇と同居するまでに、遊郭かそれに近い場所で誘われるまま一時期の過ちを犯し、何らかの病に感染し、症状の結果、鼻が欠ける状態になった可能性が高い。

波多野家の本家は大地主で酒蔵を営み、江戸時代は藤懸氏など地元や周辺の領主の御用金方を務めたほどだったが、明治初期には家運は傾いていた。ましてや、鶴吉が養子に入っていたのは経済力の弱い分家だった。鶴吉の実弟である羽室亀太郎は鶴吉を弁護する。「兄は（京都で）道楽をしたと郷里の方の人は言うそうだけど、第一そんなひどい道楽をする金の出どころがない。波多野の財産なんてあんな山奥の田畑山林など売る段になれば安いもので、その頃１町の田が５００円もしなかったと思う。兄が波多野をつぶして使い果たした金はせいぜい２千円くらいなもので、そのくらいの金は長い都会生活の間に当然いったはず」。

だが、郷里である何鹿郡の人々はそうは見なかった。「鼻欠け」を「家の田や山をカネに換えては遊んでばかりいる証拠」と噂《うわさ》した。鶴吉は悪評によって多くの人の信頼を失い、何をしても裏目に出る窮地に追い込まれてゆく。

破　産

「自分のため」人生開けず

鶴吉は６年間の京都での生活で困窮していく。「啓蒙方程式」は売れず、京都に出て４年目の明治11（１８７８）年には現在の下京区烏丸通四条下ルに貸本屋を開いていたが、下宿人の宮脇剛三によれば、収入は「実に微々たるもので、時々２銭や３銭の収入があったぐらいのことで、生計の足しになるようなものではなかった」。

著書「啓蒙方程式」は売れず、出費はかさみ、養家である波多野家分家の山林、田畑もすでに大方売り尽くしてしまっていた。苦しくなれば、さらにあがこうとするのが人間の常だ。鶴吉は「挽回せねば、養家に申し訳が立たず、自分の将来への足場もない」と、さまざまな産業を調べ、事業を興そうとした。

最初に目を付けたのは製塩事業だった。「小伝」によれば、鶴吉は「塩は生活必需品で、工業の発達、人口の増加によって需要が増す。交通が発達すれば販路も拡大する。やがて政府の専売事業になるかもしれない。今のうちに優良な塩田を買収して経営すれば、確実有望だ」と考えた。鉄道が未発達なため、相当の日数と旅費をかけて和歌山県に赴き、塩田を視察。いったん京都に戻って資料を調べ、和歌山に再度赴いて、塩田の持ち主と買収交渉をした。だが、先立つものはカネである。郷里の親戚や知人から資金を工面しようとしたが、「誰も相手になってくれないので、残念ながら諦《あきら》めるよりほかはなかった」。

投機も試みている。鴨川沿いの四条河原町周辺には明治初期、人家もない荒れ地が数多くあった。広々とした土地の坪単価が30銭と聞いた鶴吉は「今のうちに何とかして買っておきたい」と思うと、矢も盾もたまらず、また郷里へ帰り、熱心に説いて回ったが、誰も相手になってくれず、すごすごと京都に引き上げるしかなかった。「京都の放蕩息子」鶴吉の、郷里での信用はすでに失墜していた。

波多野家分家は窮乏の末、残りの田畑山林と家財を競り市で処分し、事実上破産する。だが、鶴吉は、不安な葉那を尻目に、その金すらも京都へ持ち逃げした。

「徳川家康」「伊達政宗」などの歴史小説で知られる作家山岡荘八は鶴吉をモデルにした小説「妍《けん》

蟲記《ちゅうき》」を昭和22（１９４７）年に発表し、次のように描いた。

鶴之介（＝鶴吉）は、震える手で鞄《かばん》の中に金《カネ》を詰め込み、そのまま裏口から桑畑の中にかくれた。悪いとは知っていた。しかし、それよりもお絹の肉体の手繰《たぐ》る糸が強かった。

「おや？　鶴之介さんがいなくなったぞ」

「兄さん！　兄さん！」

無邪気に呼び歩くお八重（＝妹で後に妻となる葉那）の声を耳にして、鶴之介は狼狽《ろうばい》した。鞄をかかえて一散に畑から京街道へ走り出した。

それから日暮れまで、綾部から京への道は、追う人と追われる人のかなしい競走であった。事実鶴之介はその日の暮方到頭山家《とうとうやまが》の宿の旅宿で追手に掴《つか》まった。追手は近所の世話人二人と作兵衛（＝作左衛門）叔父であった。鶴之介は人のいいその叔父を外に連れ出し、鞄を渡して地べたに坐った。

「金だけは返します。身柄は見逭《みのが》してやって下さい！　約束があるのです。仕かけた勉強があるのです！」

その真剣さに叔父も世話人も欺かれた。彼等は、道端に捨てていったと、鞄だけを持って村にかえる気になった。

「では身体をな、身持もつつしめよ」

「はい。はい。きっと、叔父さんの言葉は守ります」

そして鶴之介は再び折柄の薄暮の中へ姿を消していったのだが、叔父に渡した鞄は空であった。いや、空ではなく、走りながら詰め替えた紙に包んだ藁屑《わらくず》だった。（括弧内筆者、以下同）

鶴吉はカネをわらくずにすり替え、京都行きを情けをかけて見逃した叔父をだましたことになる。「妍蟲記」はなまめかしいフィクションに彩られた小説で、引用した文中の冒頭に登場する「お絹」は、「妍蟲記」では鶴吉が愛した女性という設定で描かれている。女性の部分は創作と考えられるが、この逸話は「翁の鞄ぬけ」と呼ばれ、「翁伝」「小伝」など複数の文献にも記されており、カネに困った鶴吉が養家からけして良いとは言えない方法でカネを持ち出す事態は起きていた。

「妍蟲記」では、京都に至る街道沿いにあった山家の宿場町を通ったことになっている。鶴吉はカネを抱き、どんな思いで街道を歩いただろうか。

塩は明治38（1905）年、国が専売とした。鴨川周辺の荒れ地は今や商業ビルやホテル、マンションが林立している。鶴吉には間違いなく先見の明があったが、人の道に反し、手段を選ばなかった鶴吉を誰も相手にしなかった。青年期の鶴吉は立身出世、故郷に錦を願望し、自分のために懸命だったが、人生が開けることはなかった。

「翁伝」は「鞄ぬけ」について、「窮乏のドン底に落ちて居る京都の生活を建て直そうと思って、一生懸命やった苦肉の策にちがいない」と擁護しつつも、こう断じる。

「他人はいうに及ばず親族も家人も愛想をつかし、翁の信用は全く地に落ちてしまった」。鶴吉を信じる者は、もはや、誰もいないかに見えた。

結　婚

愛貫いた「伴走者」葉那

鶴吉と葉那が結婚したのは明治９（１８７６）年。鶴吉18歳、葉那16歳の時だった。

葉那は波多野家分家の一人娘として生まれたが、多感な幼少期から思春期にかけて、かなりさみしい人生を送っている。５歳の時に父・彌左衛門が死去。９歳で母たね、12歳で祖母ゆうとも相次いで死別する。葉那に唯一残された家族は、養子として入り、義理の兄となった鶴吉だったが、その鶴吉も明治８年、15歳の葉那を残して京都に遊学してしまう。

結婚式は遊学後間もなく、後見人だった叔父・羽室作兵衛が病没し、鶴吉が一時帰郷した際に挙げられた。義理とはいえ、兄と妹の結婚は現代から見れば特異な印象を受けるが、鶴吉の養子入りは、もともと葉那との結婚を前提としていた節がある。

結婚後も、葉那は作兵衛の娘と２人きりで暮らした。鶴吉は、京都から時おり帰っては、分家の山や田をカネに換えていく。周囲のおよそ全ての人が鶴吉を「道楽者」「甲斐性《かいしょう》なし」とそしり、見捨てた。

親類縁者たちは、葉那にしつこく離縁を勧めたが、葉那はこう言い返した。「たとえ家がつぶれても、それは私の幸せが悪いので、あきらめるより仕方がありません。どうしても離縁せねばならぬのなら、どうぞ私も一緒に離縁してください。二人で首に袋を下げて流浪の旅をいたそうとも、私は思い切ることはできません」。

明治14年、行き詰まり、23歳で破産した鶴吉は馬場集落に帰郷する。分家の財産は家を含めて全て売り払われ、なお1千円の借金が残った。現在の価値で換算すると数千万円に達する借金を抱えたまま、ホームレス同然の境遇となった。

「翁伝」は当時の葉那について「幼い時から、人の世の不幸を身一つに嘗《な》めつくして来た花子（＝葉那）は、何事をも忍びに忍んで、ただ運命の前に従順な女性であった。帰り来し夫の無情を恨まず、失敗を咎《とが》めずよろこび迎えたのである」とする。だが、筆者は「二人で首に袋を下げて流浪の旅をいたそうとも」という覚悟に、葉那の持つ女性としての芯の強さを感じる。

立身出世と言えば聞こえはいいが、己の野心のために出た京都で金を失い、左の鼻を失い、どこに行っても不信やあざけりの目でしか見られなくなった鶴吉の心身はボロボロだった。家すら失った馬場集落で、自分に何が残っているかを考えた時、たった一つ残った存在が、自分を信じ続けてくれた葉那だった。

「翁伝」は「今までは顧《かえりみ》るひまもなかった妻であるけれど、今郷里におちついて、世間でただ一人自分を信じてくれて居る、操正しく純良な妻に対して見ると、今までのつれなき仕打が悔《く》いられると共に、新たな愛情が湧かずには居《いられ》なかった。これから後の翁（＝鶴吉）夫婦の仲は膠漆《こうしつ》（＝離れがたい

葉那と鶴吉

ほど親しい間柄）もただならず、翁が夫人をいたわるさま、夫人が翁に事ふるさまの美しさは、世に類《たぐ》うべきものもなかった」とする。結婚から5年、全てを失った二人はようやく心を通わせ、一つの夫婦になった。

5年間も妻を顧みなかった夫。現代の女性ならとっくに離婚していて不思議はない。しかも文無し、家なし。それまで親類縁者が離婚を勧めていたことを考えると、明治のこの時代でも、葉那が離縁しても不思議ではない状況である。だが、葉那は鶴吉と別れることはなかった。「貞淑」という言葉だけでは、葉那の忍耐強さは説明できない。考えられるとすれば、「深い愛」としか言いようがない。葉那は伴走者として鶴吉の郡是創業を支えた。

住む家すら失った鶴吉は生家の羽室家に葉那と共に身を寄せる。羽室家では父の嘉右衛門が「放蕩《ほうとう》息子」の帰りをただならぬ気配で待っていた。

コラム

鶴吉・葉那を「朝ドラ」に

「鶴吉・はな（葉那）をＮＨＫ朝の連続テレビ小説に」。グンゼの展示施設が立ち並び観光スポットにもなっている「グンゼ博物苑」を歩くと、呼び掛けが大書されたのぼりが並ぶ。グンゼ発祥の地・綾部では、綾部市や綾部商工会議所、元従業員らが「ＮＨＫ朝の連続テレビ小説誘致推進協議会」を結成。鶴吉・葉那夫妻の波瀾万丈《はらんばんじょう》の生涯を「朝ドラ」にしようと、２０１５年から熱心に運動している。

「きっかけは、朝の連続テレビ小説『カーネーション』のヒット。ＮＨＫにドラマ化を要望するのはもちろんですが、鶴吉・葉那夫妻を多くの方に知ってもらうのが目的です」。協議会顧問の四方源太郎さん（47）は話す。

「カーネーション」は２０１１年10月～12年３月に放映された。ファッションデザイナーのコシノヒロコ、ジュンコ、ミチコの「コシノ３姉妹」を育てた小篠綾子が主人公のモデルで、平均視聴率が19・６％（関西地区）を記録するなど大ヒットした。「カーネーション」の後も実話をもとにした朝ドラが次々と制作され、協議会は15年に発足した。

大河ドラマを始め、官民挙げてのドラマ誘致は今でこそ各地で行われているが、綾部の運動は「朝ドラ」誘致としては全国で最も早い。「最初は全くの手探りだったと聞いています」。綾部商工会議所専務理事の山崎栄市さん（62）は話す。最初に取り組んだのは署名活動。「地元でどれだけ愛されているかはバロメーターになるのでは」という発想だった、という。

いざ集め始めると、関西を中心に全国から署名が届いた。最初の年だけで3万2千人を突破し、協議会を驚かせた。現在では、綾部市がある京都府の3万2064人を中心に北海道から沖縄まで、署名数は5万8517人（21年1月時点）に達している。市町村別で最多は地元・綾部市の1万4996人で、人口の半数近くが署名したことになる。

協議会はNHKにドラマ化を毎年要望している。関西で朝ドラ制作を担う大阪放送局はもちろん、最初に要望した2015年は当時のNHK会長が面談に応じた。協議会は16年には、グンゼ従業員の昭和初期の昼食だった「すいとん煮」を現代風にアレンジした「はなちゃんの『すいとん煮』」まで考案し、地元のB級グルメフェスで市民にふるまってさえいる。

綾部の運動は思わぬ副産物も生んでいる。綾部商工会議所には2016年、福島商工会議所青年部が「どんな取り組みをしているか教えてほしい」と話を聞きに来ている。同商工会議所はその後、「栄冠は君に輝く」などの曲で知られる福島県出身の作曲家・古関裕而のドラマ化誘致運動を開始。20年には古関夫妻をモデルにした「エール」が放映された。

「エールの制作決定を聞いた時はめちゃめちゃ複雑な心境でした」と山崎さん。ただ、「エール」の成功は運動がドラマ化の一助になることを証明した。最近の朝ドラは夫婦の物語の作品も多い。「風が吹いてきていると感じています」。

第2章

失意の帰郷、運命の出会い

養蚕の風景

帰郷

見捨てなかった父と兄

鶴吉は明治14（1881）年、京都から何鹿郡に帰郷する。当時23歳。破産し、生家の羽室家に向かった。

羽室家のルーツは諸説あるが、「翁伝」は、先祖は豊臣秀吉に仕え、安土桃山時代の慶長年間に「羽室」姓の一族が形成されたとする。一族は何鹿郡でさらに綾部町など三つの地域に分かれ、うち、延村に拠点を置いたのが鶴吉の生家だった。

波多野家との大きな違いは、延村の羽室家が分家ながら、莫大な財力があったことだ。当主は代々「嘉右衛門」を名乗った。

地元の綾部藩は天保年間から、財政改革に取り組むが、5代目嘉右衛門は商品作物である綿作の普及に尽力した。「翁伝」は代々の嘉右衛門たちについて「世の大庄屋によくあるような、権勢を恃《たの》んで配下の百姓を搾取したというようなことはなく、よく地方のために盡《つ》し情けをかけて百姓をいたわった。まことに好いお庄屋様だった。代々の家風も百姓に対して横柄なというようなことは少しもなく、気の毒なほど腰が低かった」とする。

分家時に本家から譲り受けた羽室家の財産は田畑など、石高に換算すると米約400石で、綾部藩家老の最大禄高（５００石）に匹敵した。中興の祖と呼ばれる4代目嘉右衛門の時には、焼失した菩提寺・浄光寺の再建を担うほどになっていた。幕末には綾部藩への貸し付けは１３２５両に及び、鶴吉の父である6代目嘉右衛門は借金帳消しと献上４００両で苗（名）字帯刀御紋付裃《かみしも》着用を許されている。明治に入っても隆盛は続き、明治20（１８８７）年の多額納税者調査では府内11位だったから、何鹿郡一の富豪だった。

羽室家の屋敷は失われている。跡地には現在、建設会社の作業場や民家が何軒も立ち並び、区割りの大きさだけが、敷地の規模を物語る。跡地の向かいに住む子孫の細見和枝さん（85）は「戦後の農地改革で羽室家が持っていた土地はほとんど失われた」と話す

羽室家の屋敷は現在の綾部市延町、由良川とその支流・安場川が合流する地点にあった。当時はいかめしい門があり、鶴吉は京都から戻ってきた際、入ろうとしては何度もためらったと地域で伝えられている。

鶴吉が帰郷した時期、羽室家は、長男で鶴吉の兄である松逸郎が継いでいた。嘉右衛門は隠居していたが、養家・波多野家分家を破産させておめおめと戻ってきた鶴吉への怒りはすさまじかった。

嘉右衛門はきびしかった。（中略）翁（＝鶴吉）を土下座させてきびしく責檻《せっかん》するので、兄の松逸郎が翁と共に土下座して「鶴吉は決してしんからの極道

者ではありません。きっと改心するにちがいありませんから、どうか許してやって下さい」といって、泣きながら弟のために詫《わ》びた（「翁伝」）

まさに「修羅場」と言っていい。小説「妍蟲記」では、嘉右衛門が刀を抜いて鶴吉に振り下ろすも、妻・葉那がかばい、刀身が庭石に当たって「カチリ」と音を立てたと描写されている。

兄の松逸郎

嘉右衛門は何に怒ったのか。もちろん、鶴吉が養家を破産させたことに対してだが、それだけだろうかとも思う。羽室家は前述の通り、地域に尽くした。嘉右衛門もまた、綾部用水の整備など、先代たちと同様に地域に尽力した。第二の故郷たる馬場集落を捨て、己の立身出世だけのために京都に出た鶴吉に対する怒りもあったのではないかと筆者は推測する。

だが、嘉右衛門は厳しいだけではなかった。鶴吉の借金千円を精算し、葉那と暮らすために屋敷内に離れをあてがい、田地も与えた。世間から白眼視された鶴吉を家族は見捨てなかった。グンゼがなぜ今存在するのかと考えると、いくつかの分岐点が存在するが、もし、この段階で鶴吉が勘当され、延村を離れていたら、これから語る養蚕農家の子どもたちとの出会いは起きず、大製糸会社を興すという志も鶴吉には生まれなかった。父、兄、妻。この3人の愛によって、鶴吉は人生をやり直し始めた。

教　員

製糸業志す　運命の出会い

破産し、延村の生家・羽室家に身を寄せた鶴吉は明治15（1882）年1月から4年3カ月間、村内にある小学校「遵義校《じゅんぎこう》」で教員を務めた。

教職に誘ったのは、羽室家の屋敷近くに住む教師高田辰之助。気の軽い面白い人で、親切な世話好きだったとされ、鶴吉の良き相談相手だった。自身の勤める遵義校に欠員が生じたため、鶴吉に声をかけた。

教員としての鶴吉の資格は末席の「授業生」で、月給は5円（3円50銭という説もある）と安かった。鶴吉は教員を生涯の仕事とは思っていなかったが、黒木綿の紋付き羽織にはかまをはき、弁当箱をぶら下げてまじめに通った。

病で左鼻が欠けた鶴吉を、子どもたちは「鼻ない先生」と呼んだ。容姿を言うのは子どもの無邪気さで悪意はないが、過去を持つ鶴吉にとっては刺さる言葉で、内心は平静ではいられなかっただろう。鶴吉はそれでも、子どもたちを愛した。少しも怒らない優しい先生だったと伝えられている。成績が悪い子どもには放課後に特別に教えた。今となっては教師としてありえる行動だが、当時の教員で同様のことを行う者はいなかった。算術で石筆つきの悪い石盤を使っているのを見て、私費で全員

遵義校の後身・綾部市立中筋小学校（同市大島町）。同校では、グンゼが「三つの躾（しつけ）」として従業員に教えている「あいさつをする」「はきものをそろえる」「そうじをする」を子どもたちに教えている

分を買ったこともあった。

作家和田傳《つとう》は、鶴吉の生涯を描いた小説「一絲《いっし》紊《みだ》れず―蠶糸《さんし》界の先覺《せんかく》・波多野鶴吉―」を昭和19（1944）年に発表している。同作には、子どもたちの算術の試験を鶴吉が監督する場面があり、要約して紹介する。

生徒の監督をしていた鶴吉は、また机間巡視をはじめた。（中略）

女の子も男の子も……すでに教室全体が、うっすらと黴《かび》くさいににおいに包まれていた。

――どうや？もう書けた者、手あげて見い。

ひとりふたり、気張った手があがったきりで、まだほとんど石筆を握っていた。そんな筈《はず》ではないのだが……やさしい四則の応用問題で、もうみんな出来ていい筈なのだ……。

（中略）ひょいと腰をかがめて覗けば、（生徒の一人）佐藤ヤスエは、端の方をもう缺（※原文ママ）いているのだった。それどころか、算術の問題は一向に解いた様子もなく、ぼんやりと窓の外の白い雨脚をながめているのであった。（中略）

――どうしたんや、ヤスエ！（中略）

ヤスエは、夢からさめたような、呆然《ぼうぜん》とした顔で、驚いたようにしばらく鶴吉を見あげていたが、やがて、はじめて諒解《りょうかい》したらしく、頬《ほお》を赤らめて顔を伏せた。

――どうしたんや、おまえ！

（中略）ヤスエは、頑強に口を開こうとしなかった。

――おまえ、このころどうかしとるぞ！お腹でも痛いのとちがうか？

だが、ヤスエは首を左右に振るばかりであった。（中略）

――ヤスエ、どうしたんや！さあ、何でも先生の聞くことに答えないかん！

ヤスエは力なく首をふり、それから、眼に涙をいっぱいためて、

――睡《ねむ》い……。

と、ひと言やっと言うように答えると、石盤の上にうつ伏してしくしく泣き出した。

――睡い？

鶴吉はこの後、なぜ、生徒たちが全体的にぼうっとしているのかと考え、ヤスエに「おまえのとこ、お蚕さんやっとるんか？」と尋ねる。そして、今年が梅雨の訪れが早く、養蚕農家が「てんてこ舞いをしていた」ことに思い至り、「おまえ、ゆうべ寝とらんのか？」とヤスエに、「みんなも眠いか？」と生徒全員に尋ねていく。泣き伏せるヤスエが小さく反応を見せ、生徒たちが無邪気に「はーい！」と答えると、

鶴吉は、頭の奥がしびれて来た。

そのまま、しばらくじっと立ったままヤスエのよごれた襟《えり》くびを見つめていた鶴吉の眼に、やせた蚕がもぞもぞと縫目からはい出して来るのが見えた。笑うに笑えないような気がして来た。

――ようし、それでは今日はこれでおしまいにする。……みんな帰れ！

にわかに、バタンバタンと大きな音を立てて風呂敷に道具をしまい出す生徒たちは、もう収拾つかない喧騒のなかにあった。


鶴吉とその生徒たちが生きた明治期から戦中まで、由良川流域の農家の大半は養蚕農家だった。筆者は２０１９年、京都府北部に残る数少ない養蚕農家の桐村さゆりさん（83）＝福知山市下天津＝を取材したことがある。桐村さんは、福知山市の山あいにある三岳地区の養蚕農家に生まれ、戦中戦後の農事を知る数少ない生き証人だ。

桐村さんによれば「桑取りは男、蚕の世話は女・子どもの仕事」で、養蚕と稲作が重なる春と秋の農繁期は、小学校も４日ほど休みになり、一家総出でカイコを育てたという。「カイコが葉を食べるザーザーという音を聞きながら、疲れて夜は眠ってしまう。勉強する間はなかった」。

桐村さんは24歳の時、下天津の養蚕農家に嫁いだが、そこでは多い年は春から秋まで年5回、繭を採った。１回の養蚕で多い時は５万頭（匹）を飼育し、部屋だけでは場所が足りず、台所でもカイコを育てた。

カイコはデリケートな生き物だ。大きくなると、日の出前に起き、桑を数十束採って朝、昼、夕の

３度、与えなければならない。「合間に家事をこなし、桑畑で子どもに乳を与えた。子どもと時間を過ごせるのは寝る時だけ」（桐村さん）というから忙しさが分かる。

ましてや、鶴吉の生徒たちが生きたのは子どもが主要な労働力とされた明治初期で、その過酷さは、桐村さんの体験を超えるものだったろう。

小学生が寝る時間を削って、昼夜を問わずカイコのために桑を刈り与える。母親に代わって、弟、妹の面倒を見る…。鶴吉は、教師という立場になって初めて、周りに暮らす養蚕農家の貧しさと、子どもたちがおかれている過酷な現実に気づき始めた。

運命

養蚕農家の貧困、心に火

「一絲紊れず」は、養蚕農家の貧困に気づき始めた鶴吉が生徒たちの家庭を訪問するようになり、佐藤ヤスエの家を訪れる場面に移る。文中のディティールをできるだけ落としたくないため、少し長くなるが、引用する。

佐藤ヤスエの家は、すこし山ぎわに引きこんで、雑草のなかを歩いてゆかなければならぬようなところだった。（中略）ゆがんだその家の前に立つと、びっくりしたようなそそけた髪の女が、奥から出て来た（。）その後から、何も知らずにヒョイと飛び出したヤスエが、あわてて女のうしろにかくれた。（中略）

――先生、この通り……足の踏みばもなく……。

まったく、どこもかしこも白い埃《ほこり》に覆われて、腐れ繭の放つ異様な臭気がそこらに漂っていた。まぶしから外した繭は、あら選りを終えたらしく、大きな笊《ざる》に盛りこぼれるほど光っている。（中略）女は、ヤスエの母親だった。母ひとり子ひとりの小さな農家であるこの家では、ヤスエ一人の労力が、牛一頭馬一頭ほどの貴重さにあたっているのであった。

――それでも、まあこの子がようやってくれますで、ほんに助かりますです。

ヤスエは、母の側で小さくなっていた。鼻のあたりに油汗をにじませて、繭を選っているその姿は、痛々しい感じさえした。

狭い家のなかは、取りちらしたまぶしの屑《くず》で足の踏み場もなく、壁ぎわに片よせて小さなちゃぶ台が置かれてあったが、飯を終えたままらしいその上には、真黒に蠅がなりたかっていた。

――こう安うなっては、お蚕さんも骨折りだけでどうもなりまへん。

母親はさびしく娘をかえりみながら言った。

そこには養蚕をする――と言っても、それがどうして製品になり、どこで販売されるのか、そんなことは一向に考えの中に入れないで、ただ昔から同じ方法で繭を作っているだけの百姓たちの姿があった。

場面はこのあと、仲買人がやってきて、「もともといい繭ではない」と1斗（18リットル）60銭で買いたたく。「夜も寝ずに苦心したものを」と漏らす母親。鶴吉も「60銭は安すぎる」と反論するが、仲買人は「こんなぶよぶよしたものが上物の値で買えるもんかい」「売らんのかね」と迫り、動揺した母親は「おどおどと」売る決断をする。薄笑いする仲買人に鶴吉は「ひどいなあ、あいつ…」と静かな怒りを覚える。

場面は、情景描写とも鶴吉の心の声とも受け取れる一文で終わる。

それは、ひとり佐藤ヤスエという教え子の家庭だけのことではないのであった。ひろく、このあたりの農家全体の問題であり、ひいては京都府の、というより日本全土の養蚕農家の問題ではないのか……。

鶴吉がなぜ、郡是製絲株式会社を興したのか―。この問いに対する根本的な答えが、このエピソードにあるのだと筆者には思えてならない。

佐藤ヤスエの家がどこにあったかは不明だ。筆者は２０１９年4月、遵義校跡周辺に住む佐藤姓を1軒ずつ、2週間かけて訪ね歩いたが、子孫を見つけることはできなかった。ただ、当時の状況を調べていくと、少なくとも、鶴吉の周りには、貧困にあえぐ養蚕農家の子どもという「無数の佐藤ヤスエ」がおり、鶴吉の心に火をつけたことは間違いない。

探究

「田野に二つの恩あり」

「貧困にあえぐ農家の子どもたちのために、自分は何ができるのか」。鶴吉は考え始めた。

明治16（1883）年、鶴吉は田野村（現・綾部市田野町）の養蚕家・田中敬造を訪ねている。敬造は青年ながら、天蚕（ヤママユガのカイコ）を野外で飼うという手法の養蚕を試み、蚕種（カイコの卵）を製造していた。手広く販売し、多くの人が視察に訪れていた。

「一絲紊れず」には、鶴吉が田中を初めて訪ねる場面がある。

――あんたが田中さんですか？

鶴吉は、笑いながら近づいた。どことなし、じぶんに近いものをその青年が持っていることを直観したからである。

――僕が田中ですが、何ぞ御用で？

敬造は、無愛想に突立ったまま答えた。

――僕は、延の羽室の家の者ですが、あんたの天蚕の飼育を見せて頂きたいと思うてやって来たのです。出来れば、あんたの御意見もお聞きしたいと思いましてなあ……。

田中敬造は、諒解したように急に頬をやわらげると、まず鶴吉を案内して裏の畑へ出た。一反歩ちかい畑には、櫟《くぬぎ》が植えこんであり、鈴なりに緑色の天蚕がまつわりついているのであった。

――ほう？

敬造は、だまってその一匹をつまみあげて見せた。

――丈夫ですからなあ、こいつは、糸の質にしても、在来のお蚕さん以上です。

――なるほど、手間がかからんでしょうなあ。

鶴吉は、もぞもぞと林にもぐり込んで、見てまわった。

やがて、二人は天蚕による野外飼育か屋内で飼う家蚕かで論争になる。天蚕の研究に自信を抱いている田中に、鶴吉は天候や鳥害のリスクをずばずばと、真剣に質問していく。最後は田中が「あなたと僕とでは、どうも根本的に違った意見のようですなあ」「あんたも、理屈ばかりでなく、実地に家蚕をおやんなさい」と勧め、鶴吉も「来年からやってみます」と応じる。かといって、二人の出会いは険悪だったわけではなく、「一絲紊れず」の言葉を借りれば、「田中の口調には、しかし、みじんも軽蔑した素振りがなく、さっぱりしたものであった。鶴吉にはそれがとても気持ちよかった」

田中敬造

田中敬造は田野村に「田野公会堂」を建てた。現存し、地域が保存している（綾部市田野町）

だった。

青年二人の親交は続いた。鶴吉は「田野に二つの恩あり」という言葉を遺している。一つが天蚕、もう一つはキリスト教である。鶴吉は後年、田野での伝道集会参加をきっかけに信仰の道に入っていく。

鶴吉は教員時代、羽室家の畑でサトウキビを栽培して砂糖を作るなど、さまざまな農法を試しているが、田中との議論を機に、養蚕の研究に一層力を入れてゆく。貧しい農家の子どもたち、新たな手法で養蚕の向上に取り組む田中…。人との出会いの中で鶴吉は、蚕糸業（養蚕業と製糸業）の発展を人生の目的に見据えていく。

田中との出会いから2年後の明治18（1885）年、京都府の蚕糸業にとっては屈辱的な、そして鶴吉にも大きな影響を与える「事件」が東京で起きた。

抜擢《ばってき》

英語力買われ、組長に

「本会出品中恐らくは粗の魁《さきがけ》ならん」。明治18年４～６月、東京市（現・東京都）の上野公園で開かれた品評会「全国五品共進会」で、京都府が出品した繭は「粗の魁」、つまり「最も粗末」と酷評され、府内に衝撃を与えた。

鶴吉がいた何鹿郡を含む丹波地方における蚕糸業の歴史は古く、全国で長年優位にあったが、明治期に入ると、国内の他産地に比べ、品質の悪さが際立つようになっていた。器械製糸導入に着手していた上州（群馬県）など、関東や東北が幕末にはすでに輸出に精を出し、生糸の改良増産に努めていたのに対し、近隣に京都の西陣、丹後といった大需要地を抱えていた丹波は「徒《いたず》らに長夜の眠りを貪《むさぼ》った」（「翁伝」）。

京都府の危機感は強く、対応は素早かった。酷評から２カ月後の８月には、当事者を集めた第１回養蚕製糸集談会を開催。蚕糸業者が団結して技術改良を進めるために府内各地に組合を設けることを決めた。

鶴吉の名が蚕糸業の歴史に初めて登場するのは、組合を組織するため、明治19（１８８６）年１月に府が常照寺（現・京都府福知山市）で開いた蚕糸業取締所創立総会だ。何鹿郡の委員として製糸家の梅原和助ら4人と共に出席した。

総会開催時、鶴吉は蚕糸業の研究を始め、農談会に出席して家蚕について説いたり、農産物品評会の審査長を務めたりするなどして、養蚕家の間では少しずつ存在が認識されるようにはなっていたが、まだ一介の教師に過ぎなかった。その鶴吉を委員に誘ったのは梅原である。

梅原和助

「一糸紊れず」で、梅原は鶴吉をこう言って委員に口説いている。「あんたにしても、口ぐせに言うておられる、蚕糸業へ乗り出すのに、一番ええ機会なんや。わしかて、あんたのような参謀が一緒なら、なんぼ気安いかもしれへん」。鶴吉はすぐに応じた。

梅原は綾部町で何鹿郡最大の製糸場「梅原製糸場」を経営する業界の第一人者だった。それだけに、何鹿郡で組合を結成する段階に入ると、周囲は「組長は梅原以外に無い」と見なしたが、梅原は蚕糸業界にまだ入ってさえいない鶴吉を組長に推薦し、驚かせた。

鶴吉を抜擢《ばってき》した理由が面白い。「英語ができるから」だった。梅原は「組長は英語が分かって、西洋人相手に物の言える人でなくてはいけない。自分のような無学な者では間に合わぬ」と説いた。

鶴吉には、塩田や京都の荒れ地の買収といった投機話を次々と持ちかけ、養家の波多野家を破産させたというぬぐいがたい黒い過去がある。故郷で家族以外の誰からも信用されなくなった鶴吉が、蚕糸業というビジネスの世界に躍り出るのは、自分一人の力では不可能だった。鶴吉が後に郡是を創業できたのは、この梅原の抜擢に依るところが大きい。

梅原と鶴吉の出会いは「福知山で偶然会って話をした」（「翁伝」）だった。梅原はこの時に「翁（＝鶴吉）の人物を知り、学才ありて産業上に趣味を有せることをも知り（、）これを蚕糸業界へ誘った」（同）というから、よほど鶴吉のことを気に入ったのだろう。この後は鶴吉を梅原製糸場に招き入れて見学させている。

梅原が鶴吉を特に買っていたのは、組長の推薦理由にもした「英語力」である。「梅原製糸場、縦覧謝絶」と書いた看板に、同じ意味の英語を鶴吉に頼んで下に書いてもらうほどだった。町内で初めての英語の看板で物好きに見えるが、その動機は「生糸というのは外国へ売るものだから、今に自分の工場にも西洋人のお客が来るようになる」という先見の明から来ていた。鶴吉の生家・羽室家の財力も計算に入れていただろうが、梅原製糸場の工場規則を作らせるなど、梅原は鶴吉の実務能力も見極めていた。

ただ、梅原の気持ちに反し、鶴吉を組長にする話はすんなりとは決まらなかった。波多野家の地元で、鶴吉の「鞄ぬけ」が記憶に新しい馬場集落をはじめとする中上林村では、「あんな道楽者を組長などとは怪しからぬ」と猛烈に反対する製糸業者がいた。

梅原はそれでも鶴吉を推した。当時の蚕糸業は今で言えば、輸出でこれから伸びるかもしれないべ

何鹿郡蚕糸業組合の事務所が置かれた綾部市本町。事務所の正確な位置は不明だが、明治初期の町並みが界わいに残る

ンチャービジネス、悪く言えば、投機性が高く不安定な「山師の仕事」と世間からは見られていた。実際、業界は不安定で、「糸ビン（製糸業）、茶ビン（製茶業）、嫁にやるな」ということわざさえあった。こうした点から、鶴吉の父・嘉右衛門（隠居し、この頃は「加壽衛《かのえ》」と改名）も、鶴吉の蚕糸業界入りには反対だったが、梅原は羽室家を3度訪れて許しを得た。

鶴吉は明治19（1886）年3月、教師を辞め、弱冠28歳で「何鹿郡蚕糸業組合」の組長に選出。事務所を綾部町本町（現・綾部市本町）に置いた。

梅原は「わしはどえらい拾いものをした」と語っていたという。その名伯楽は明治27（1894）年に他界する。

鶴吉は元日のあいさつ回りでは、毎年必ず最初に梅原家を訪れ、その行動は梅原の没後も続いた。梅原家の財産の管理にも気を配り、梅原の遺児で後に京都府立医科大学教授となる信正にも親身になって教育を支援している。

鶴吉が梅原製糸場を合併して郡是製絲株式会社を創業するのは、梅原が世を去ってから2年後の明治29年。梅原から受けた恩を胸に鶴吉は飛躍していく。

派遣

新庄倉之助

高倉平兵衛

新時代の担い手育つ

何鹿郡蚕糸業組合の組長に選ばれた鶴吉は、組合の目的に「繭糸《けんし》（繭と糸）は精良を主とし粗製濫造をなさざること」など10項目を掲げ、国内の先進地から最新の技術を導入する必要性を感じていた。

そんな時、綾部町に住む高倉平兵衛という青年が「自分は蚕糸業を研究しようと思うが、どこへ行って研究したら良いものだろうか」と鶴吉を訪ねてきた。鶴吉は「上州（群馬県）へ行くべき」と勧めた。高倉は親の反対に遭うが、明治19（１８８６）年、家出して群馬県へ飛ぶ。鶴吉は翌年、組合書記の新庄倉之助をさらに群馬県へ派遣した。

日本の生糸は、徳川幕府が横浜などを開港した幕末の安政６（１８５９）年から輸出されていた。欧州ではカイコに病気が蔓延し、アジアでは清国でアヘン戦争が起きるなど、世界的な生産地の混乱が後押しとなって、生糸と蚕種《さんしゅ》（カイコの卵）は翌年には日本の輸出総額の3分の2を占めるまでになっていた。

　群馬県では、明治維新後の明治5（1872）年、政府が富岡（現・富岡市）に富岡製糸場を創立し、優秀な工女を育成していた。高倉が入った明治19年には、群馬県では、同製糸場だけでなく、前橋（現・前橋市）にも民間の製糸場が数多く建ち、活況を呈していた。

　高倉は前橋の製糸会社「深沢組」に入り、1年間かけて学んだ。福島で養蚕技術を習得して明治20年11月に帰郷。新庄も群馬県の「研業社」「深沢組」で研鑽《さん》を積み、明治22年に綾部町へ戻ってきた。2人がいた当時、群馬県では、手動の「座繰製糸」が数としてはまだ主流だったが、先端を行く研業社、深沢組は器械製糸だった。2人は「増産改良は器械製糸によるべき」と確信し、郷里・何鹿郡での普及を決意する。

群馬県前橋市岩神町2丁目の住宅街には「藩営前橋製糸所跡」と刻まれた石碑が立ち、前橋藩士が日本初の器械製糸場を明治3（1870）年に創立した史実を伝える

　「翁伝」は、高倉と新庄について、「翁（＝鶴吉）が地方蚕糸業を革新するために最も意を注いだ、人材養成の最初に選ばれた人で、地方に於ける新時代蚕糸業技術者の元祖として、翁の股肱《ここう》（一番頼

みとする部下）となって活躍したのである」と記す。

鶴吉の周りには新時代を担う技術者が育ち始めていた。

試　業

自分でやるより他なし

「組長となったが、このままでは一介の事務員に過ぎない。蚕糸業は全くの素人で自分は多くを知らない」。そう思った鶴吉は明治20（１８８７）年、羽室家の屋敷内に10人繰りの小さな製糸場を建て、製糸会社「羽室組」を興した。「起業」と言うより実験的な試みとしての「試業」という意味合いが強かった。

何鹿郡では製糸業者が続々と誕生していた。明治19（１８８６）年には、最新の器械製糸をはじめ、座繰り、手挽きの工場が１６７件に、翌20年には１８１件に達していたが、いずれも個人経営の小資本だった。すぐに潰れる工場もあり、養蚕農家に払う繭代を踏み倒す業者も多かった。

生産される生糸も粗悪だった。糸束を縛る元結を太くして目方をごまかす、良い糸で悪い糸を包む「饅頭糸《まんじゅう》」にするといった不正行為を業者が平然と行い、売買時には、品質を疑う仲買人が指でひねって中身を確かめるほど、何鹿郡を含む丹波・丹後・但馬の三丹地方の製糸業は信用が低かった。

「こんな状態では蚕糸業の健全な発展は望めない」。鶴吉は、資本が豊かで信用のある大製糸会社を

羽室組の従業員

興す必要性を日に日に感じていく。綾部町の有志を集め、大製糸会社の起業を提案したが、誰もが「それは良い考えだ」と言うものの、鶴吉が「では発起人となって出資を」と続けると、「それは重大だからとくと熟考しよう」となり、「その後再三会合を促して、いくら話を進めても、いつも結果は同じ『熟考の上で…』で、いくらたっても小田原評議で少しも要領を得なかった」(鶴吉)。

そんな状況下の鶴吉にとって、羽室組は「他人に頼っていてはいかん。自分でやるより他はない」と決心しての試業だった。

製糸場のような工場を興す際、必要なのは資金と土地だ。鶴吉の決意を支えたのは、すでに羽室家の当主・7代目嘉右衛門を名乗っていた兄・松逸郎だった。「兄やら親類の力を借りて」(「翁伝」)羽室家の屋敷の敷地内に製糸場を建てた。原料の繭を得るための養蚕も自営で、延村の羽室家門前の上田を桑畑にし、東北から取り寄せた刈桑苗を植えた。

付近の人々は「立派な米の取れる上田に木を植えるようになっては羽室さんも世の末だ」と、鶴吉だけでなく、羽室家一族を揶揄《やゆ》した。だが、松逸郎はひるまなかった。羽室家は最終的に屋敷の敷地の実に半分までを工場とすることを許し、蚕室として酒蔵まで提供している。

京都で全てを失った鶴吉を、松逸郎をはじめとする羽室家は許し、再起を惜しみなく支援した。何鹿郡随一の富豪、名家としての声望は時に「家柄」となり、その家に属する人々の考えや行動を縛りがちだが、羽室家は例外で、その家族愛の深さは異色と言っていい。鶴吉は、その愛に感謝し、自身の信仰、哲学に昇華させる。信じたのはキリスト教である。

信仰

家族愛に打たれ、洗礼

23歳で破産し、生家の隅で生きていく人生となった鶴吉。梅原和助に抜擢されて組長となり、再び人生が回り出したものの、「鞄ぬけ」の陰口を耳にすることはあったろうし、左鼻が欠けた顔を鏡で見るたびに、「自分はダメな人間だ」という念にかられただろうことは容易に想像できる。そんな彼の内面を支えたのはキリスト教への信仰だった。何鹿郡で布教の中心になっていたのは、天蚕か家蚕かで鶴吉と論争し、友となった田中敬造である。

「小伝」などによると、田中がキリスト教と出会ったのは、鶴吉と出会って3年後の明治19（１８８６）年。蚕糸業の視察と商用で愛媛県大洲（現・大洲市）を訪れ、キリスト教伝道者である押川方義の講演を聴いて感じ入った。帰路は神戸で、宣教師ブラウンと神戸教会牧師で後に同志社総長となる原田助にも会い、興味を信仰へと深めていく。この年の暮れには、自宅で集会まで開いている。

京都では新島襄が明治8（1875）年に同志社英学校（後の同志社大学）を創立し、明治10年には、京都に近い南丹波地域などで、教師や生徒が伝道を始めていた。明治17年には船枝村（現・南丹市）に丹波教会が設立され、周辺の各地で講義所が開設されていた。

田中がいた田野村でも明治20年1月に個人の離れを改造した会堂が仮設され、丹波教会の伝道師と信者が出入り、同年9月には田中ら10人が丹波教会で洗礼を受けている。

偶然にも、鶴吉の周囲にいた信者は田中だけではなかった。蚕糸業を学ばせるため、高倉平兵衛と新庄倉之助を派遣した群馬県では、欧州の先端技術を導入する過程でキリスト教が広まっており、二人は信者となって帰郷していた。

「小伝」では「ある日」としか記されていないが、鶴吉は新庄と田野での伝道集会に参加している。その集会で鶴吉は人生観が変わる経験をする。

集会では伝道師の村上太五平が教えを説いた。「キリストを信ずることによって、古き我が身は過去の罪と共に死し、キリストが死して再びよみがえったように、新たに神のしもべとして生まれ変わることができる」と熱弁した。

鶴吉にとってその言葉は「自分の過去を思い、胸板へ矢をつきさされたようにぞっとしたが、やがてそれが抑えきれぬ希望の光となり」（「小伝」）。鶴吉は村上に「先生、私のようなものでも、やはり神様は救って下さるでしょうか」と尋ねた。

村上は「救われますとも」と言葉に力を込めて即答し、新約聖書のルカ伝（ルカによる福音書）第15章「放蕩《ほうとう》息子のたとえ（いなくなった息子のたとえ）」を話した。

イエスは言われた。「ある人に息子が二人いた。弟の方が父親に、『お父さん、私に財産の分け前をください』と言った。それで、父親は二人に財産を分けてやった。何日もたたないうちに、弟は何もかもまとめて遠い国に旅立ち、そこで身を持ち崩して、財産を無駄遣いしてしまった。何もかも使い果たしたとき、その地方にひどい飢饉が起こって、彼は食べるにも困り始めた。それで、その地方に住む裕福な人のところへ身を寄せたところ、その人は彼を畑にやって、豚の世話をさせた。彼は、豚の食べるいなご豆で腹を満たしたいほどであったが、食べ物をくれる人は誰もいなかった。そこで、彼は我に返って言った。『父のところには、あんなに大勢の雇い人がいて、有り余るほどパンがあるのに、私はここで飢え死にしそうだ。ここをたち、父のところに行って言おう。「お父さん、私は天に対しても、またお父さんに対しても罪を犯しました。もう息子と呼ばれる資格はありません。雇い人の一人にしてください。」』そこで、彼はそこをたち、父親のもとに行った。ところが、まだ遠く離れていたのに、父親は息子を見つけて、憐れに思い、走り寄って首を抱き、接吻した。息子は言った。『お父さん、私は天に対しても、またお父さんに対しても罪を犯しました。もう息子と呼ばれる資格はありません。』しかし、父親は僕《しもべ》たちに言った。『急いでいちばん良い衣を持って来て、この子に着せ、手に指輪をはめてやり、足には履物を履かせなさい。それから、肥えた子牛を引いて来て屠りなさい。食べて祝おう。この息子は、死んでいたのに生き返り、いなくなっていたのに見つかったからだ。』そして、祝宴を始めた。
ところで、兄の方は畑にいたが、家の近くに来ると、音楽や踊りの音が聞こえてきた。そこで、僕の一人を呼んで、これは一体何事かと尋ねた。僕は言った。『弟さんが帰って来られました。無事な姿で迎えたというので、お父上が肥えた子牛を屠られたのです。』兄は怒って家に入ろうとはせず、父親が出て来てなだめた。しかし、兄は父親に言った。『このとおり、私は何年もお父さんに仕えています。言いつけに背いたことは一度もありません。それなのに、私が友達と宴会をするために、子山羊《やぎ》一匹すらくれなかったではありませんか。ところが、あなたのあの息子が、娼婦どもと一緒にあなたの身代を食い潰して帰って来ると、肥えた子牛を屠っておやりになる。』すると、父親は言った。『子よ、お前はいつも私と一緒にいる。私のものは、全部お前のものだ。だが、お前のあの弟は死んでいたのに生き返った。いなくなっていたのに見つかったのだ。喜び祝うのは当然ではないか。』」

聖書では、放蕩息子を歓迎する父を兄が批判する。だが、羽室家では、鶴吉の過ちを兄・松逸郎がかばい、父・嘉右衛門も母屋の西に住まいをあてがっている。鶴吉は、この話に自分を重ねて深く感銘を受け、田野に通った。鶴吉は「『信仰によって生れかわり、過去を清算し、神のみ旨《むね》に従ってまっすぐに進むところに、必ず神の恵みがある』と心の中で何度も繰り返し、そうだと思うと、脈々として精気の湧き出るのを感じた」（「小伝」）。

綾部市新町にある「丹陽教会」（丹波教会とは別）。鶴吉が通ったのは、その前に立っていた建物で立地も異なる。現在の建物は２代目で、鶴吉は生前、建設に多額の寄付をしたが、完成を見ることなく亡くなった。鶴吉の没後、葉那が通っている

鶴吉は32歳となった明治23（1890）年、洗礼を受け信徒となった。妻・葉那には「わしは生まれ変わるのだ」と決意をよく話していたという。葉那もまた、鶴吉が放蕩した際、「離縁しろ」と周囲に迫られながら頑として応じなかった。

父、兄、妻の大きな愛に支えられて人生をやり直し始めた鶴吉が、愛と許しを説くキリスト教に心打たれたのは当然だった。鶴吉は受けた愛を郷土に還すべく、大製糸工場建設へと邁進《まいしん》していく。

学　校

蚕糸業発展へ教育充実

「京都府下の蚕糸業を統一するには、技術者を養成する教育機関がぜひとも必要だ」。羽室組という小さな製糸会社を営み始めて、鶴吉は、教育の重要性を痛感するようになった。蚕糸業は、養蚕の繭にしても、製糸の生糸にしても、人間の手で生み出される。コンピューターがなかった時代、品質は

一人一人の人間の力によって左右された。「粗の魁」と酷評された何鹿郡をはじめとする三丹地方の生糸の品質を底上げするには、工女をはじめ、器械の整備ができる技師や、養蚕農家に飼育法を指導する人材を育てる学校が必須だった。

鶴吉は明治26（1893）年、綾部町川糸に「京都府蚕糸業組合立高等養蚕伝習所」を6年かけて創立する。当時、府内の蚕糸業の教育は立ち遅れていた。養蚕は20人ほどの講習会が開かれるぐらいで、「極めて短期の程度の低いもの」（「翁伝」）だった。

鶴吉はその前の明治24年、北垣国道・京都府知事に教育の遅れを訴え、補助金2500円を得る。これに組長を務めていた何鹿郡蚕糸業組合の借入金などを加えた3781円で高等養蚕伝習所の創立に踏み出す。現在の金銭価値に換算しても7500万円程度で、敷地、校舎、教師を一からそろえることを考えれば、かなり貧しい開学資金だった。

開学に先立って特にこだわったのは優秀な教師の確保だったが、鶴吉はここで屈辱を受けている。明治25年1月、鶴吉は東京に出向き、農商務省や蚕病試験場（後の東京蚕業講習所）に農学士の教師のあっせんを依頼するが、冷遇された。開学資金の乏しさを突かれ、「そんな経費で希望通りの学業科目を授業することができますか」と嘲笑的な反問を受けたり、「若い学士は田舎などに引っ込むことを嫌いましてね。まあ心掛けておきます」と見くびられたりして、体よく断られた。あきらめずに今度は文部省の学務局に行くと「それは農商務省の管轄だ」と縦割り行政で相手になってくれない。

鶴吉は後の講演で上京の日を「忘れもせぬ明治25年の1月17日」と述べ、当時の苦労を振り返っている。東京の人々のさげすむ目線に対し、鶴吉が怒りを腹の内に隠し耐えたのか、使命を果たそうと、そうした負の感情をもはや超越した人格を持っていたのかは筆者には分からない。ただ、その日を明りょうに覚えていたという一事に苦労がしのばれる。

東京の役人たちが何の力にもなってくれない中、思わぬ人物が鶴吉に活路を開く。同じキリスト教徒の内村鑑三だ。内村は札幌農学校在学中に信仰の道に入っており、農学に理解が深かった。鶴吉は内村の紹介で、同農学校出身の福原鐵之輔を教頭に招へいする。

京都府蚕糸業組合立高等養蚕伝習所は現在、綾部市唯一の高校「綾部高校」として地域の教育の中核を担っている。伝習所があった場所は東分校として農業、園芸、農芸化学の3科から毎年計約60人を輩出しており、農業や食品製造といった地場産業を支えている。生徒が実習で作った野菜や菓子の即売会は、市民が行列を作るほどの人気で、志賀正史副校長は「自分が作った野菜を市民から『おいしかった』と言われることで生徒たちは社会に出る自信をつけていく。明治の頃と学ぶ内容が変わっても、地域のための教育の場という建学の精神は変わらない」と話す

開学資金は結局６千円余りにとどまり、高等養蚕伝習所は、事務室、蚕室兼教室、寄宿舎、食堂、物置、便所、井戸だけで創立した。門も塀もない状態だったが、福原ら優秀な教師陣に支えられ、府内の養蚕技術向上の中心になっていく。６年目の明治31年には製糸部を加え、32年には「城丹蚕業講習所」に校名を変更。37年以降、校舎が大規模に整備されていく。

鶴吉は創立から20年後の大正２（１９１３）年、講習所について「必要に迫られてできたのであって、そうして一歩先へ先へと準備を怠らなかった」と回顧している。

着実に進もうとする鶴吉の周りには、いつしか「仲間」と呼べる人々が集まり始めていた。

郡是

「地方から」前田に共鳴

「産業上において、一国に一国の方針、すなわち国是を定め、その下に府県には府県是、郡には郡是、町村には町村是を定め、それを統合して、国産を奨励し、貿易を盛んにし、外貨を獲得し、日本を富国強兵の国に」

鶴吉は明治27（1894）年8月、2府17県の蚕糸業者が集う金沢市での大会で運命的な演説を聞く。壇上にいたのは前田正名。農商務省の高官で、地方産業の優先的振興を唱えたが、政商資本を担い手とする移植大工業策を重視する政府内主流派と対立し辞職。在野の士として全国を遊説し、生糸、茶、織物といった輸出産業を主とする地方在来産業の近代化に生涯を捧げた。

前田正名

何鹿郡ではこの時期、器械製糸の普及が始まり、人材を育成する高等養蚕伝習所も開学。技術、人材が整い、大製糸会社創業への機が熟しつつあった。

国、郡、地方、なべてその方針を定めてひたむきに努力を重ねるとき、はじめてその地方の発展を見ることが出来る…。鶴吉の頭のなかには、何鹿郡の蚕糸業がつきまとって離れなかった。「郡是」…。何度か意識的につぶやいているうちに、ハタと思いついた。この名こそ、夢寐《むび》に忘れたことのない、新らしい製糸会社の社名にふさわしいのではないか？（「一絲紊れず」）

当時の日本は「戦争」によって経済が拡大した。明治28（１８９５）年４月に終結した日清戦争に、日本は国家予算（開戦前年の一般会計歳出）の２・４倍に当たる2億円の戦費を支出し、糧食、被服、兵器弾薬、運送という大量の軍需が国内に生まれた。さらにそれを上回る経済効果をもたらしたのが、戦争の勝利によって日本が清国から得た賠償金で、その額は戦費を超える3億１１００万円に上り、遼東半島返還の報奨金も加えると3億５６００万円に上るすさまじい額だった。

明治23（１８９０）年の不況から抜け出し、回復期にあった日本経済は、28年に入ると、軍事費の大部分が民間に振り向けられて、株式ブーム、起業ブームが起きた。一石（１８０リットル）20円だった繭の価格も30円を超え、鶴吉にとっては、長年の懸案だった資本を集める見通しが立ちつつあった。

金沢市での大会からほぼ1年後の明治28年7月、鶴吉は綾部町の綾部尋常小学校（綾部小学校の前身）で演説会を開いた。鶴吉はこの頃にはすでに前田に私淑しており、前田はここでも「国是、郡是」を演説している。「綾部町始まって以来」という約１５００人（2千人とする説もある）もの聴衆が詰めかけ、何鹿郡での蚕糸業振興の機運は頂点を迎えた。

前田の生涯を追った「前田正名」の著者、祖田修・京都大学名誉教授（農業経済学）は「鶴吉のような産業の芽生えが地方で起きていたからこそ、前田は地方産業の振興を基礎にした日本の近代化を訴えた。理論の前田、実践の鶴吉。２人は車の両輪のように共鳴していた」と見る。

鶴吉には前田に続いて、道を作る人がいた。産業振興に力を注ぐ渡辺千秋・京都府知事である。府は明治28年９月、蚕糸業を発展させるため、総勢72人の大視察団「東国蚕業視察団」を組織。鶴吉も参加する。

視察団が向かったのは東京府（現・東京都）など東日本を中心とした全国１府９県の蚕糸業先進地。その中には、日本近代蚕糸業の発祥地であり、最先進地でもあった群馬県の富岡製糸場も含まれていた。

模範

「理想の工場」目の当たり

正門前に立つと、鶴吉は目を見張った。目新しいレンガで建てられた「東置繭所《ひがしおきまゆじょ》」が両翼を広げ、隣の「繰糸所《そうしじょ》」に入ると、幅12㍍、奥行き１４０㍍、中央に柱がない広大な空間が広がり、左右には器械がびっしりと。計３００人の工女が乱れの無い手つきで糸を紡いでいた。

鶴吉ら東国蚕業視察団の一行は明治28（１８９５）年、現・群馬県富岡市の富岡製糸場を視察した。同製糸場は、日本の主力輸出品だった生糸の品質向上を図るため、明治政府が全国の模範として建設した工場で、フランス人技師ポール・ブリュナを招き、建物から器械まですべて近代的な西洋式を取り入れていた。現在でも建物群が当時の姿のまま、ほぼ残されており、鶴吉が見た明治の光景を現代の私たちも見ることができる。

富岡製糸場に現存する「繰糸所」。平成26（2014）年に世界遺産となった。鶴吉が訪れる2年前の明治26（1893）年には、経営を引き継いだ三井家によって工女のための夜学が設けられ、希望者に算数、国語、作文、裁縫を教えていた。鶴吉も後に創業する郡是で夜学を始めており、後に「表から見れば工場、裏から見れば学校」と称された。教科は算術、読書、習字などで、後に裁縫も加えている。富岡製糸場総合研究センターの結城雅則所長は「富岡で見た教育を鶴吉も取り入れたのでは」と推測する。

鶴吉ら一行は、富岡製糸場の教育を民間で実践していた室山製糸場（三重県）にも帰路に立ち寄り、感銘を受けている。自分が郷里・何鹿郡に作ろうとしている「大製糸場」がどんなものなのか――。その姿がまだ頭の中にしかなかった鶴吉にとって、富岡、室山に代表される１府９県の製糸場群は、創業後のイメージをより具体化した。

東国蚕業視察団には、鶴吉以外にも何鹿郡から郡内の有力者だった大槻藤左衛門、蚕業に携わっていた村上森吉ら７人が参加していた。大製糸会社を興すことについて鶴吉と道中で意見を交わし、後に創業を支えるメン

東国蚕業視察団

バーになる。

「一絲紊れず」には7人と鶴吉が会話を交わす場面がある。

――なあ波多野（＝鶴吉）さん、これで新会社も順調に誕生出来るというもんや。東国視察とは渡りに船よなあ。

何鹿郡の仲間は三等車の片すみに集り、ゴトゴトと夜の中央線を一路東上していた。

――さよさよ。郡内の養蚕家や製糸家もようやく眼ざめて来よったし、景気はグンとようなったよって、資金の方も何と（か）都合よう行くやろうし……。

――何と言うても、郡内の製糸家を統合する大会社が必要や。（中略）

そんな会話を、鶴吉はじっと暗い窓外に眼をうつしながら聞いていた。（中略）

――村上さん、工場を見学したら、あんたすまんけどこの間お話ししといたように、見取図をとっといて下さいよ。

鶴吉は、視察から何鹿郡に戻ってすぐの明治28（1895）年11月10日、大製糸会社の発起人会を綾部町で開く。「社名を郡是製絲《し》株式会社と称し…」。目論見書《もくろみしょ》を読み上げる鶴吉の声が響いた。

目的

蚕糸業奨励、創業の精神

「一、社名を郡是製絲株式会社と称し綾部町において営業すること」「一、資本金は９万８千円と定め、これを４９００株に分かち、1株を20円とすること…」。明治28（１８９５）年11月10日、鶴吉は綾部町の徹桑園《てっそうえん》で発起人会を開いた。目論見書など当時の社内文書を見ていくと、次のようなことが話し合われたとみられる。

一、事業の規模は、現今本郡（何鹿郡）の繭３５００石を一手に引き受け、工場の規模は１６８釜とする。郡内の養蚕家は３５００戸で現時点の平均収繭量は1石だが、10年計画で2石に向上させ、戸数も５２５０戸と1倍半することで、1万５０００石まで増やし、工場は５０４釜まで拡張できる設計とすること

一、事業は明治29年の新繭期より開始し、建物、器械、原料の購入は発起人の責任をもって時期を過ぎないよう準備すること

一、何鹿郡内の製糸家が廃業して当社の株主になった場合は、養成料を交付し、職工（＝従業員）を

創業総会が開かれた了圓寺。当時の綾部町では北端の現・綾部市西町2丁目にある。明治期の京都府北部では、大人数を収容できる建物は少なく、会合の場として寺が用いられることが多かった

引き継ぐこと

一、会社の性質は株式会社ゆえに株主の利益を重んじるのは当然だが、設立の趣旨はもっぱら蚕業奨励の機関で、特にこの精神により経営すること

鶴吉はこの段階で、何鹿郡の養蚕農家数を10年で1・5倍、一戸当たりの収繭量を倍増させる目標を定め、それを前提に製糸場の規模を504釜と府内最大にする構想を固めていた。企業は通常、需要に合わせて生産を決めるが、それとは全く逆の発想だった。

さらに重要なのは、株主の利益より蚕糸業の奨励を重んじることを経営方針としている点だ。鶴吉は後の講演で「繭の（生）産額を増加しても、これを引き受けて買ってやる製糸家がなくては困るのみならず、目的通り産額も増加せぬ。それでこれを引き受ける製糸場を作りたいと思った」と語っており、「地域のための蚕糸業奨励」は創業時から郡是製絲株式会社の精神だった。

発起人会から半年後の明治29年5月1日、綾部町の了圓寺《りょうえんじ》で創業（創立）総会が開かれ、鶴吉は最多得票を得て役員に選出された。初代社長には次点の兄・嘉右衛門（7代目、松逸郎から改名）を推

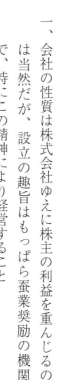

し、自らは取締役の末席に名を連ねたが、実際には万端を統括指揮する創業者だった。

資本

地域が株主、結ばれた絆《きずな》

郡是の創業総会で、鶴吉が配った目論見書には、巻末に多数の株主の氏名と株数が列記されている。筆頭株主で初代社長となる兄・嘉右衛門が２００株以上、鶴吉が１２０株と続き、７人目に「四拾（40）株　由良源太郎」の名がある。

「源太郎は私の祖父です。繭の集荷を仕事にし、綾部町長もしていたので、鶴吉翁に株主になるよう頼まれたのでしょう。今も家に古い株券が残っています」。同名の孫・由良源太郎さん（88）は話す。創業から１２０年以上たった今も由良家はグンゼの株主だ。

郡是創業の最大のハードルは資本だった。鶴吉は株式応募締め切りを創業予定前年の明治28（１８９５）年11月と定

由良家は現在、綾部市本町１丁目で産婦人科医院を営む。表からは見えないが、医院の裏には祖父・源太郎の生家が現存する

め、発起人が分担して募集活動を行った。

製糸会社が養蚕農家の繭を買いたたき、農家は品質をごまかすために悪い糸を良い糸で覆い隠す…。何鹿郡における蚕糸業のそんな「だまし合いの世界」を見てきた鶴吉は「養蚕農家と製糸会社は親子の関係を保ち、利害も喜びも悲しみも共にして共存共栄しなければならない。そのためには、製糸会社の株主は養蚕農家がなるべきだ」と考えた。株は信頼関係を結ぶ第一歩だった。

京都府北部は貧しく、養蚕農家を株主にするのは容易ではなかった。1株の価格20円は当時の世帯年収に匹敵した。鶴吉は申し込み時に1円、翌年3月25日までに2円、6月15日までに2円と分割して5円を払い込んでもらうことにしたが、1~2株の小口株主でも払い込みは滞り、繭の代金と相殺した農家も多かった。社史「グンゼ100年史」は「各町村の有力者である発起人たちでさえ払い込みに苦しみ、目論見書に記載された株数またはそれ以上を引き受けた者は50人中13人にすぎない」と記述する。

創業時の株主721人のうち6割強を1~2株の小株主が占めた。10株以下まで範囲を広げると、95%に達し、創業まで株代を払えなかった「幽霊株主」も多くいた。回収には10年を要したとされ、「一絲紊れず」には、「小株が多うて事務がはかどらんで困ります」とこぼす事務員を、鶴吉が「貧しい養蚕家のためや、忍んで下さいよ」となだめる場面がある。

企業約500社の設立・経営に携わり、「日本資本主義の父」と呼ばれる経済人にして実業家の渋沢栄一は幕末に欧州に渡り、資本主義の現実を目の当たりにしながらも、私益を第一とするのではなく、公益を追求するために最も適した人材と資金を集め、事業を推進するという「合本主義《がっぽん》」を唱え、実践した。

渋沢は、イギリスの経済学者アダム・スミスの「国富論」（１７７６年出版）を学んでいた。スミスは国家による労働、資本の規制や、同業組合による市場独占といった市場をゆがめる行為を否定した上で、個人の利益追求が社会に利益をもたらすと考えたが、渋沢の思想は、「私益よりも優先すべきは公益」という概念を打ち出した時点でスミスのさらに上を行っていた。一方の鶴吉は、渋沢と違い、生涯１度も海外で学ぶことなく、スミスの思想に触れていないにもかかわらず、渋沢と同じ「公益第一」の精神に到達していた。当時としては驚異的とも言えるこの思想は、どのようにして生まれたのだろうか。

グンゼの企業ミュージアム「グンゼ博物苑」に勤務し、社史に詳しい社員の天橋歩さんは「鶴吉は、繭を買い、娘を工女として雇い、株式の配当を払うという三つの行為で地域の養蚕農家を豊かにしようとした」と見る。鶴吉は経済人というよりも、社会革命家の要素で独自の思想に行き着いた。カール・マルクスが、資本家が労働者を搾取する資本主義の構造的な問題を批判した「資本論」を出版したのは１８６７（慶応３）年。鶴吉は、資本主義を倒す社会主義革命の動きが欧州で芽生え始めていたのと同時期に、労働者である養蚕農家が、資本主義の枠組みの中で豊かになる道を同時期に編み出したことになる。

養蚕農家だった父の代まで郡是の株主だった森本一郎《かずろう》さん（76）＝綾部市延町＝は「父は１株しか

持っていなかったと思いますが、株主総会に行って一杯飲むのを楽しみにしていたと聞いたことがあります」と回想する。

明治29（1896）年2月、綾部町の北外れにある青野の地（現・青野町）、由良川沿いに槌音《つち》が響き、郡是製絲株式会社となる製糸場の建設が始まった。郡是は創業の日を迎えようとしていた。

第3章

創業、試練と絆《きずな》

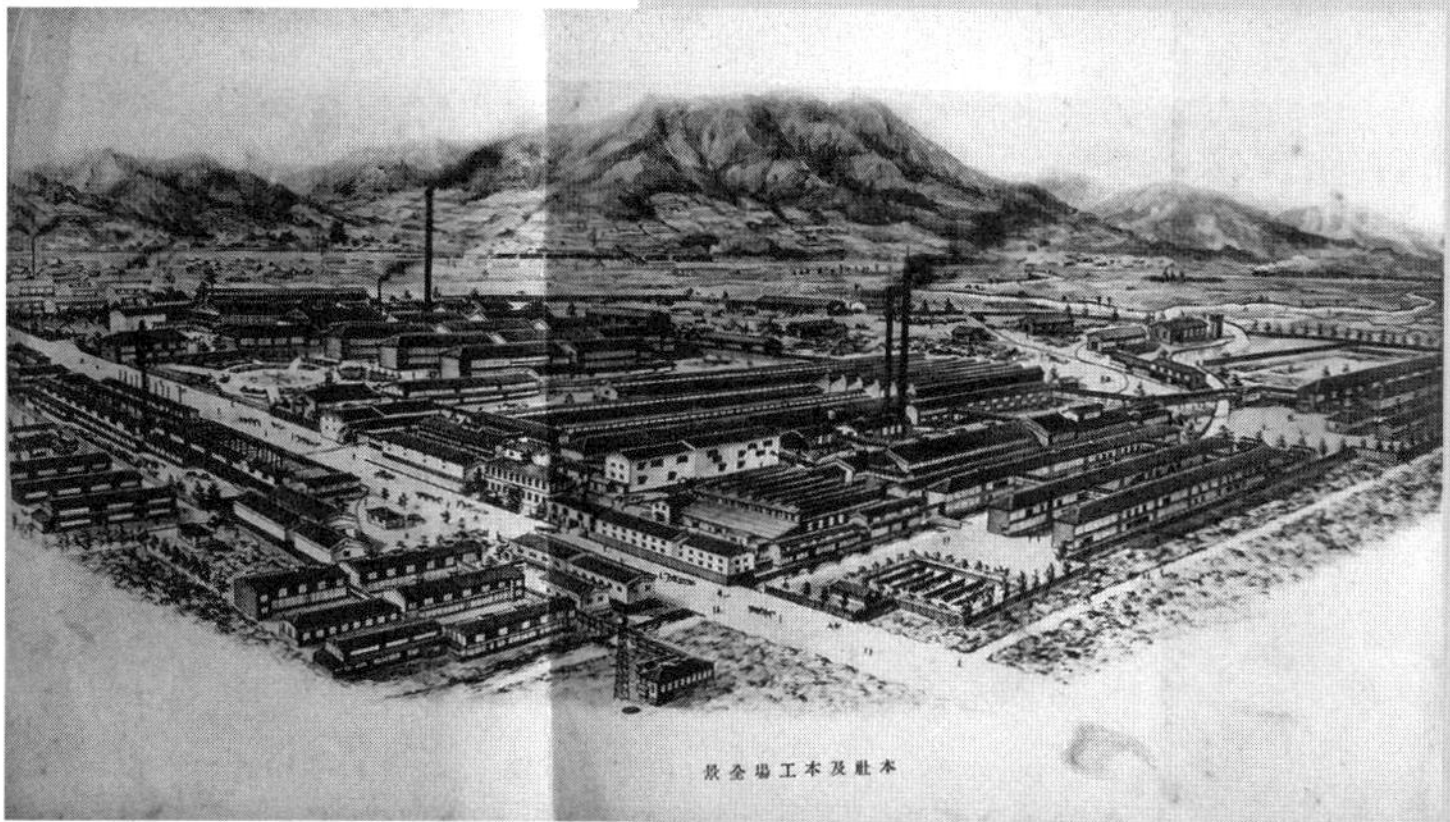

大正時代の工場全景絵図

工　場

桑畑の中の大製糸場

初期の工場

明治29年6月、蛇行する大河・由良川のほとり、緑の桑畑が広がる地に、巨大な工場がそびえ建った。敷地面積2520坪（約8300平方メートル）、間口42間（76メートル）、奥行き60間（109メートル）。長大な煙突が青空に向かって伸びる計789坪（約2600平方メートル）の威風堂々たる大製糸場だった。

工場建設から完成までの過程で、郡是が起工式や竣工式を開いたのかや、その場で鶴吉が何を述べたのかは、どの文献にも不思議なことに記述がない。「グンゼ100年史」は「新工場7月29日午後4時始業」とのみ記す。だが、鶴吉の行動を見ると、ここにも「地域との共存共栄」の思想が生きている。

建設に際し、鶴吉は地元優先で工事を発注した。建築の入札には、何鹿郡内の各町村役場に応札希望者の紹介を依頼し、レ

工場配置図

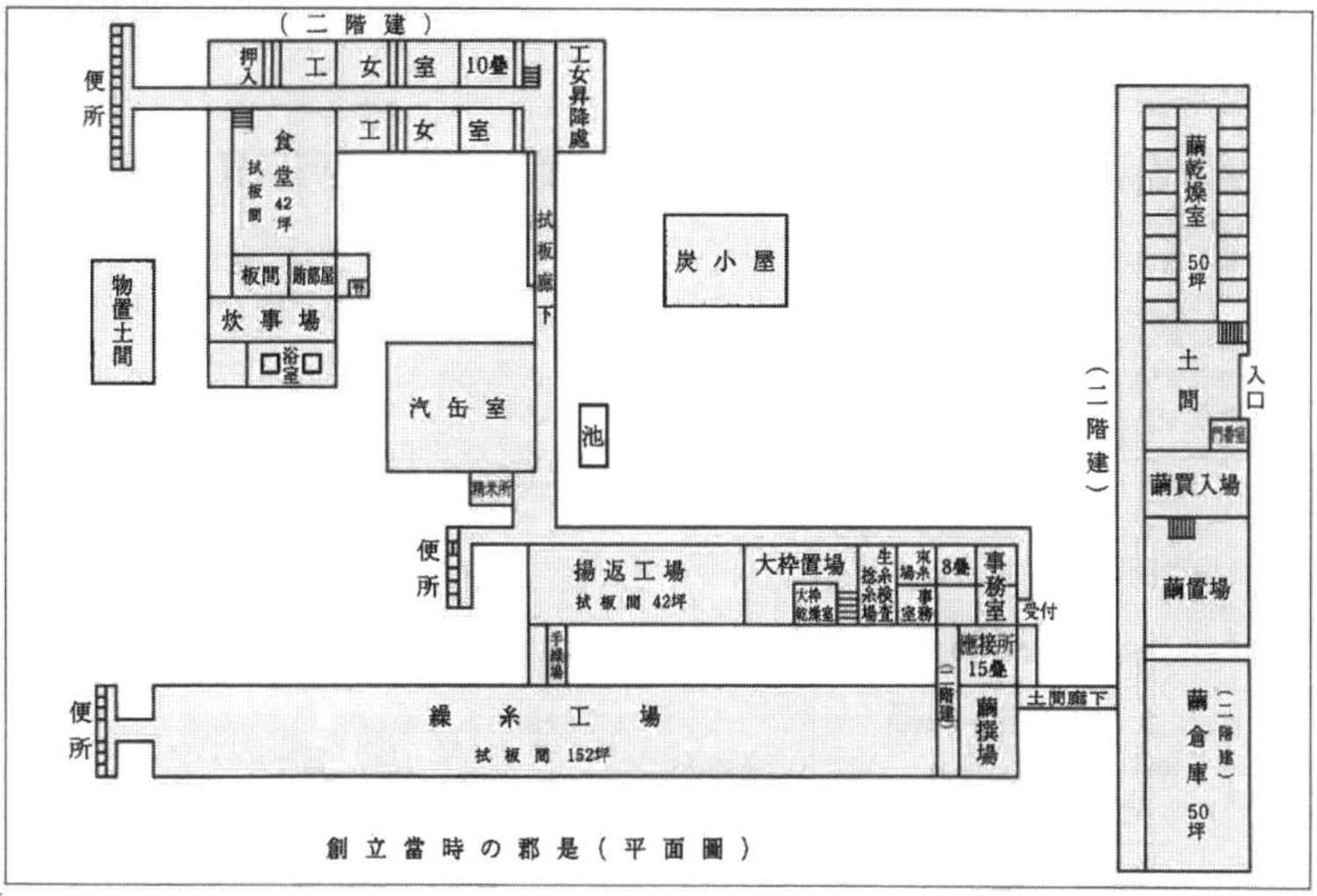

創立當時の郡是（平面圖）

ンガ工事も最終的には舞鶴の職人が担ったが、当初は郡内で発注する予定だった。繰糸器械も郡内の業者に製作を依頼した。

「一絲紊れず」には、操業開始直前の工場を鶴吉が見て回り、従業員たちに声を掛ける場面がある。

　器械のあいだにこごまり、熱心に修理していた男が、ひょいと油染みた顔をあげると、それは高倉平兵衛であった。

　——やあ、ご苦労さんやなあ……、どうです、調子は？

　鶴吉はそばへ寄ってのぞき込んだ。

　——上乗です。どれもこれもこの通りピカピカ磨きをかけときましたでなあ……。操業は7月中旬の予定でしたから、まだ日数はありますが、繭の方はどうですかな？

　——これから仲買いさんに話をしよう思うて、少し早目に来たんやけど、まだ誰も来とらへんでな……。

鶴吉は、大きな口をあけて、あはあはと笑い、

――油でも落してお茶飲みに来んかいな、すこしは休んでやらんと、體《からだ》でもこわすと何ともならん。……今日も暑いなあ。

鶴吉の去ったあと、高倉はまた器械のあいだにもぐりこんで見えなくなった。

カッと照りつける日ざしの中へ出、工場の裏手の石ころをよけながら、まっすぐ寄宿舎へはいると、取っつきの十畳で教婦長の國松イマ（＝国松いま）が、模型器械でさかんに繰り方の説明をしているところであった。工女は二十名ばかり、汗ばんだ體をおしつけるように並んで、じっと聞いていた。

高倉平兵衛は先進地の群馬県で学んだだけに、器械に造詣が深かった。国松いまは鶴吉が試験的に始めた製糸会社「羽室組」以来のベテランで、工女の指導に長じていた。そしてさらにもう1人、28歳の若さで現場を指揮する男がいた。

右腕

真心貫いた「ナンバー2」

志を同じくする社員に囲まれ、鶴吉はもはや孤独ではなくなっていた。

片山金太郎

そんな仲間の中で、鶴吉をして「郡是の柱石」と呼んだ右腕が郡是にいた。名を片山金太郎という。片山は明治元（１８６８）年、吉美村（現・綾部市里町）に生まれた。家は代々庄屋を務めたが、父・卯左衛門が親類の借金の保証人となり困窮。片山は奉公先で苦労を重ねた末、明治20年に鶴吉が開設した養蚕伝習所に入った。

鶴吉と片山の出会いは、伝記「信仰の事業家片山金太郎」に詳しい。

（養蚕伝習所での）此《こ》の時の講習は、清涼育一名江州飼いと称する飼育法の伝習で、講師は滋賀県人宮川長兵衛という人であった。その講習中、講師宮川氏は十二人の生徒を眺めて翁（＝鶴吉）に耳語して

「これだけ若い者が来て居るが、この中で役に立ちそうなのは片山一人でしょう。あの男の桑包丁の研ぎ方は他の者とはすっかりちがって居ります。」といった。綾部町の対岸、里の大工、卯左衛門の伜金太郎に翁はこの時から眼をつけた。

同書は片山の入所を「波多野氏の好意によって」とも記しており、鶴吉は入所前から目をかけていたようだ。

片山は伝習所を出て、中上林村の製糸会社「赫耀社」で働

き、やがて独立して製糸業を始めるも失敗。その後、「今度綾部に製糸会社を創立することになったから、君も是非一緒にやってくれ」と鶴吉に口説かれ入社した。

片山は若冠27歳にして創業したての工場の現業長（工場長）となり、鶴吉の方針に従って実務を取り仕切った。人格は高潔で正直一途。会合では、相手の意見を聞いた上で最後に意見を述べ、誰もが「なるほど」と納得する結論を出したという。

片山が取締役となった明治42（1909）年、兵庫県宍粟郡安師村（現・姫路市）に郡是の工場があった。手狭となり、社は隣の山崎町に移転する計画を進めたが、町内を2分する誘致合戦が起きた。片山は協議の席で両派の主張を聞き続け、互いの意見が出尽くした後、こう述べた。

「私の会社では地方の幸福を増進したい。工場のために町が二つに分かれて争われるなら、計画は中止します」

両派はあわてた。「町内で内輪もめしている場合ではない」と最適な移転先を選び、「私どもが悪うございました。町全体が一致して土地を選定しましたから、ぜひとも山崎町へ工場を」とわびた。片山は「そういうことなら」と即座に工場移転を決めたという。

「あれを駆け引きとすれば、実に大駆け引きであったが、片山専務の平生から見て、駆け引きをするような人とも思えない」「真心は駆け引き以上の大駆け引きである」。「信仰の事業家〜」の著者大道幸一郎は評す。片山は41歳で取締役となるが、社長にはならず、生涯ナンバー2を貫いた。

再び創業時代に話を戻す。人材がそろい、郡是は順調にスタートを切ったかに見えた。だが、7月

29日の始業からわずか1カ月後、最初の危機が社を襲う。それは空からやってきた。

洪　水

工場浸水、気魂の復旧

明治29（1896）年8月30日朝、何鹿郡に雨が降り始め、午後7時には土砂降りになった。郡是の工場そばでも、由良川の水かさがみるみる増し、ゴウゴウと音を立て始めた。

「綾部市史」は「（翌）午前三時ごろを頂点として未曾有の大洪水となった」「樋の口の堤防は決壊し青野村一帯は泥海になった」と記述する。

郡是の工場は濁流に襲われた。床上まで浸水し、繰糸どころではない。稼働からわずか1カ月後の被災。鶴吉のショックは相当大きかった。だが、彼は奮起する。

——郡民の払い込む5圓（円）札には血がついとった。……血のにじむ五圓札で生れた会社や！鶴吉は、就業前の社員、工女たちに毎朝絶叫しつづけた。水災の傷手《いたで》は、あまりに大きかった。

——会社をつぶしてはいかん。立派に護り立てるのや！（「一絲紊れず」）

「翁伝」をはじめ鶴吉に関する主要資料の多くで洪水の記述はわずか1～3行にとどまる。だが、

由良川。綾部市を通って蛇行しながら日本海に至る。郡是が被災した明治29年の大水害をはじめ、明治期の45年間だけで22回の水害が記録されている

郡是が創業1カ月で存亡の危機に直面し、鶴吉以下、全従業員が懸命になって復旧させたことは間違いない。株式の代金として集められた5円札の中に血が付いたものがあったことは事実で、「一絲紊れず」は小説だが、鶴吉が当時そのような心境だった可能性は高い。

まさに血がにじむほどの苦労を重ねて稼いだカネで会社を作ってくれた養蚕農家、片山金太郎、高倉平兵衛といった同志や、工女ら従業員たち…。「地域のため」「従業員のため」という二つの使命が両肩に載り、鶴吉は倒れるわけにはいかなかった。

筆者は京都新聞綾部支局長だった２０１８年7月の西日本豪雨時、上林川の洪水により浸水した綾部市口上林地区のネジ工場を取材したことがある。濁流は床上1・5メートルと工場をほぼ水没させ、ネジを製造していた機械70台全てが泥水に浸かった。当時41歳の社長は工場の惨状を目の当たりにして廃業を覚悟した。だが、「うちには社員が15人おる。やらなあかん」と奮起し、社員と泥出しから始めて、復旧させた。「自分1人だけの会社なら廃業していた」という言葉が印象的だった。

鶴吉の気持ちも、ネジ工場の社長と同じだったのではないだろうか。郡是の工場は浸水からわずか6日後、操業を再開する。「一絲紊れず」はこう結ぶ。

社内をひとすじに貫くこの気魄が、今日も軽快な繰糸の音を響かせるのである。

創業1年目の郡是の決算は、糸価低迷で6200円余りの欠損を出す大赤字で終わった。だが、工場から生み出される生糸は、何鹿郡で見たことがない高品質だった。繰り出したのは、まだ幼い顔も混じる工女たちである。

工女

娘同然、「女工哀史」なく

「工女は自分の娘と思って、どんなことがあっても退社させず、よく面倒をみて、立派な人に仕立てねばならない」

鶴吉はそう言って工女たちを娘同然に愛した。

旧本社事務所で現在はグンゼの企業ミュージアムになっている「グンゼ記念館」に創業当初の工女の名簿が残っている。郡是は明治29（1896）年の創業時、何鹿郡内の休廃業した製糸場から工女

郡是初期の工場内

161人を引き継ぎ、残り24人は地元から採用した。年齢は大半が14～19歳。中には13歳もいた。

「工女」と言うと、映画「あゝ野麦峠」など「女工哀史」のイメージを抱く人が年配者には多いが、郡是は違った。まず、当初の操業日数は6月から12月までの180日足らずだった。当時の製糸業は季節産業で、郡是は創業から3年間、繭を繰糸《そうし》し終えると、翌年まで休業した。ほぼ通年操業になるのは明治41（1908）年からだ。

労働時間は創業5年目の明治33年で1日12時間強。定期休日は毎月1日、11日、21日、大祭日、年末年始の12月30日から1月3日までだった。7年後には休日は一定せず、10日間に1日ずつ輪番制で休む制度に変わっている。現代の「1日8時間労働、週休2日」の感覚から見れば「きつい」印象だが、1日平均15時間で好況時は18時間まで労働時間を延ばしていた同業者もあり、郡是の12時間は業界で最も短い方だった。

郡是の給与体系は繰る糸の量や品質で差が付く能力給で、平均額は1日9～10銭。新人の大半は6銭未満で、食費を差し引くと給料がゼロになる者もいて、好待遇とは言いがたい。ただ、マイナスになった分は社が負担した。高給取りもいて、明治40（1907）年から勤めた工女、大槻はつは年収が50円に達し、77銭7厘《りん》を1日で稼いだ日もあり、係の者を「どえらいもんじゃ」と驚かせた。
鶴吉は、「あ、野麦峠」のように貧しい農家から娘をかき集めるのではなく、繭を納品する養蚕農家の娘を工女として雇用した。郡是は大正時代末期には「嫁入り道具」として勤続4年で鏡台、7年でたんすを工女に贈る制度まで設けている。グンゼの天橋さんは「繰糸は簡単な作業ではなかったので工女は苦労したと思うが、養蚕農家から預かった娘さんということで郡是も大切に扱った」と話す。

工女に贈られた桐のたんすや鏡台

綾部市内では１９６０年代、週末になると、グンゼの多くの「工女さん（女性従業員）」が工場内の女子寮から街に繰り出し、和菓子店や婦人服店が繁盛した。商店街「西町アイタウン」（同市西町）で青果店を営む畑耀子さん（80）は「土曜の夜になると、前の通りが、子どもが渡れないほどの人でいっぱいになった」と当時の人出を懐かしむ。

創業時の繰糸方法は、工女が自分で繭を煮て、煮えた繭を釜に移して糸をひく煮繰兼業で、生糸の品質は工女の腕と意欲に大きく左右された。郡是黎明《れいめい》期の明治時代、工女たちは懸命に働き、良い糸を作った。

顧　客

信頼の絆《きずな》、スキンナー

「これはどこの生糸か?」。明治34(1901)年、郡是から1万1千㌔離れた米国マサチューセッツ州。織物会社「スキンナー商会」社長のウィリアム・スキンナーは、日本から輸入した生糸の品質検査表示に目を見張った。

数百俵もある生糸の中で、数個の荷口が製織で優れた成績を出していた。当時の日本産生糸は太い糸や細い糸が混じるムラがあったが、それがない。

スキンナーは、それが郡是の生糸と突き止め、横浜の代理店に打電する。「今後、当社の発注する生糸は全て郡是糸に限るべし」。

スキンナー商会は「飾らざる正直」を社訓とし、輸入生糸を使ってウェディングドレスなどの生地を製造していた。織り端に創業者の名を織り込んで保証するほどの品質管理で知られ、その2代目社長であるスキンナーが信用したのが郡是だった。

郡是の生糸はこの時期、品質が大きく向上。明治33(1900)年に開かれたパリ万博では、金牌を受賞した日本の4社の一角に食い込み、国内トップクラスになっていた。

鶴吉は工場で生産量を最優先にしなかった。明治26年の京都府製糸集談会で鶴吉は、信州地方で工女が生糸をひく量が1人1日平均100匁《もんめ》（3・75キログラム）と聞き、「斯《か》く多量に取らせしは工女の技術が進みたるにはあらずして、全く粗製をやらかしたに相違ない」と批判している。

　スキンナーと鶴吉。太平洋を隔てた日米で「品質」を大切にした経営者が同時期に生まれ、1束の生糸を通じて信頼の絆《きずな》を結んだ事実に筆者は運命を感じる。

　郡是は明治35（1902）年以降、第1次世界大戦が起きた大正3（1914）年まで生糸を全てスキンナー商会に出荷している。商会は品質に厳しく、苦情を何度も伝えてきたが、郡是も「誠実に真剣に品質改良に取り組み、『共同事業の如《ごと》く、親密な』取引をしたいという同社（スキンナー商会）の期待にこたえていく」（社史「グンゼ100年史」）。

綾部駅前で撮られた記念写真にはスキンナーと鶴吉・葉那夫妻が写っている

　明治42年には、アメリカ絹業協会長となったスキンナーが来日。汽車で4月30日に郡是に到着し、綾部駅午後0時50分着、同4時50分発という強行軍で工場と教育の現場を見学した。工女が裁縫と読書を学ぶ姿に感銘を受け、500円を寄付している。鶴吉が「幸いに当会社は此《かく》のごとき善い華主（顧客）を持って居るから、前途益々有望である」（明治43年）と感謝するまでに絆は深まった。

郡是の高品質は社内努力だけではない。そこには、もう一つの「信頼」が働いていた。

取引

「善き人が…」哲学に

「養蚕（農）家は社長の愛子なりと心得、親切に取り扱うべし」「欺《あざむ》くな、欺かれるな」「売って喜び買って喜ぶようにせよ」…。鶴吉は、養蚕農家から繭を買い付ける社内の購繭員《こうけんいん》に25カ条に及ぶ心得を明治43（1910）年に説いた。

郡是が生産する生糸の品質は、養蚕農家で生み出される繭の質に左右された。郡是が創業した明治29（1896）年当時、繭の取引は「見本取引」が一般的だった。

見本取引は、農家が提出した見本繭を製糸会社が調べて等級、価格を決める。納入ごとに見本と比べて買い取るが、合格するのは1～2割で、農家との間で駆け引きが横行した。

鶴吉は創業3年目の明治31年、取引の改革に乗り出す。繭を生糸にして品質を科学的に鑑定し、養蚕農家と協議して価格を決める手法を導入した。改良され、42年以降は「正量取引」と呼ばれた新しい取引法で、良い繭を作れば高値で買い取ってもらえるとして、農家が品質向上に励む原動力となった。

正量取引は郡是が繰った生糸を用いる買い取り法だったために、農家との信頼関係がなければ成立しなかった。冒頭の25カ条は鶴吉が信頼を一から築くために作り、購繭員の間にも徐々に浸透。農家は郡是に信頼を寄せていく。

繭取引の様子

明治42年、吉美村（現・綾部市吉美地区）は「村の繭を1カ所に持ち寄って取り引きしたい」と郡是に申し出た。鶴吉は大胆な行動に出る。「村で目方も品位も評定し、社に送ってほしい」と村に伝え、言い値で買い取ったのだ。鶴吉はまず自分が農家を信用することから始めた。

吉美村の話には後日譚《たん》がある。郡是を訪ねた村の組合委員2人が「面白い経験をした」と話し、鶴吉が「どんな話ですか？」と尋ねると、委員たちはこう話した。以下、鶴吉の話をもとに会話を再現する。

組合委員「農家が各自に会社（＝郡是）へ繭を運んでいた時には、それぞれの農家の気質や平素の行い、家内の有り様は分からなかった。それが、われわれ委員が販売事務所で繭を受け

「生繭正量取引法」

取るとなると、これが良く分かってくる」
鶴吉「それはどんな？」
組合委員「まず第1等の繭を持ってくるのはどんな人かというと、家族が一致して早起きする。桑の栽培に熱心で、カイコの飼育にも考えが良い。まあ、精神の潔い人ですな」
鶴吉「なるほど」
組合委員「第2等になる繭はどんな人のものかといいますと、だいたいは第1等の人と同様だが、精神が少し潔くないところがあるために、繭は良いが、厚皮の死籠《しにごもり》繭、木着繭、あるいは赤皮繭がたくさん混じっている。三等になる繭は、早起きせず、努力もせず、桑の育て方も飼育も良いということはない。最もだめな等外の繭は、家族の仲は良くないし、寝坊する。考えないのに、欲だけはある。ゆえに桑畑には雑草が生え、繭は悪い。繭の良否は、その人の人格によっているということが分かって、誠に面白かった」

心の持ちようの正しさが、同じ村でも、繭の質に大きな差をもたらしている—。その真理に気づいた時、鶴吉は聖書の一節を思い浮かべた。
「善き樹は善き果を結び、悪しき樹は善き果を結ぶこと能わざるなり」（新約聖書マタイ伝第7章）
鶴吉はこの経験を後に「善い人が良い糸をつくる」という労働観に昇華させ、自身が学ぶことを含めた社内の人間教育に一層力を入れていく。吉美村の出来事があったのと同じ明治42年、郡是に１人の男がやってきた。

信水

社長自ら率先、「生徒」に

グンゼ博物苑内の社史紹介施設「創業蔵」（綾部市青野町）には、川合信水の書「愛神修道」が掲げられている。郡是の教育機関「誠修学院師範科」で学んだ伊藤婦志枝さん＝同市舘町＝は、信水について「気品のある神様みたいな人」と、２０１６年にあやべ市民新聞社が刊行した鶴吉の伝記「増補版　宥座《ゆうざ》の器」で証言している。

川合信水

鶴吉は郡是創業14年目の明治42年4月、信水を招へいし、社内に教育部を設けた。信水は共愛女学校（前橋市）の校長を経て、東京でキリスト教の伝道をしていた。品質が安定した糸を紡ぐには工女だけでなく全従業員の心の安定、より深めて言えば、人間的な成長が必要と感じていた鶴吉は、高い人格を有し、信仰の厚い人物を社内教育の責任者に据えたいと考えてお

信水が郡是社内で開いていた修養会。写真奥中央の横顔は鶴吉

り、「基督教之世界」主筆の加藤直士（之）から信水を紹介された。

郡是を訪れた信水と、鶴吉は初対面にもかかわらず社内教育について終日話し合っている。

鶴吉「職工（＝従業員）は父兄から預かった者であるから、どうか善くしたい」

信水「職工を善くしたいと思うならば、あなた御自身が善くならなければならないのです」

鶴吉「私からまず教えを受けたいのです」「どうか自分と一生事を共にしてくれませんか」

信水は教育主任（教育部発足後は部長）就任を引き受けた。

郡是に信水が着任すると、鶴吉は約束を実行した。社長であるにもかかわらず、生徒の一人として従業員と共に信水の講話に耳を傾け、その姿勢は終生変わらなかった。

教育部の発足を契機に社内では、幹部向けの修養会、従業員のための講演会、婦人会も組織され、教育の対象が工女だけでなく、全従業員に拡大された。この教育には当初は社内で異論も出たが、鶴吉が率先して謙虚に信水から学んだことで「漸次社内に修養好学の風が盛んになり、川合氏の信望も加わり、郡是教育は完成されて行った」（「翁伝」）。

信水が教育の根幹としたのは「愛」だった。着任してすぐに工女の処遇改善に着手。寄宿舎を「寮」と呼び改め、女子寮長が生活指導を行った。部屋の草履が乱雑になっていると、工女が寝静まってから寮長がそろえ、やがて工女がそろえるようになるといった、温かな家庭的な雰囲気で教育が行われた。講話では「至誠」の実践を最初に語り、人格向上や勤労の意味を説いた。

鶴吉の言葉「善い人が良い糸をつくる」が象徴するように、郡是の社内教育は当初、「良品を作るための手段」だった。しかし、信水によって、それは「従業員が生涯幸福であるように導く」教育へ質的転換を遂げた。そして、その考えを最も体現したのは他ならぬ社長の鶴吉だった。

鶴吉は「百人繰りの会社の社長が十の人格者でなければならぬとするならば、その会社が発展して千人繰りになれば、社長の人格も百にならねばならない」と自らを律した。己の人格を高める努力は後に、日本経済を動かす「銀行王」との出会いにつながっていく。

感　心

「信」の経営、銀行王動かす

明治期に活躍し、後に「銀行王」と呼ばれた男がいる。安田善次郎。富山藩（現・富山県）の貧し

安田善次郎（国立国会図書館提供）

い下級武士に生まれながら、両替で身を興し、一代で巨万の富を築いた。明治期の終わりには、銀行、生命保険、損害保険など29社を支配する日本最大の金融集団を作り上げ、戦前、三井、三菱、住友と並ぶ四大財閥「安田財閥」にまで成長させた。

安田は明治37（1904）年、福知山町（現・福知山市）に来ている。福知山に支店がある百三十銀行が日露戦争中に破綻。やむなく整理を進めていた。調べると、郡是という会社に無担保で1万5千円（現在の価値で約3億円）ものカネを貸し付けている。支店長は「確実な会社です。波多野という社長はなかなかしっかりした者で、けして御懸念には及びません」と言う。「どういう会社か」。安田は自分の目で確かめるべく、郡是を訪ねることにした。

安田が郡是の工場事務室前まで来ると、粗末な木綿の着物を着た小柄な男が庭で草むしりをしていた。社長への取り次ぎを求めると、男は「私が波多野です。今日はあなたがおいで下さるので、きれいにしておきたいと思って。さあ、どうぞこちらへ」と案内した。

鶴吉は計略でやったわけではない。草むしりをしたり、掃き掃除をしたりするのは日ごろの習慣で、「小使い」と間違える人もいたという。

社内を隅々まで安田は視察したあと尋ねた。「あなたは何をもって会社を経営していますか？」。

「信をもっていたします」と鶴吉。安田は感心し、「これからあなたの会社の資金は、私が一手に引き受けて融通しましょう」とその場で約束した。

庭掃除をし、服装も質素な小柄な男が社長だったのだから、安田は驚いたに違いないが、それで資金を融通するわけはない。安田は鶴吉に出会う前の明治34（1901）年から37年にかけて、京都銀行など数多くの銀行を再建して金融界の危機を救っていたが、日露戦争の莫大な戦費調達を海外投資家に頼ろうとしていた政府が倒産を何としても回避するために半強制的に再建を要請したのが百三十銀行だった。

百三十銀行は住友銀行と並ぶ大銀行で、安田は自身が率いる安田銀行が共倒れする危険もある中で引き受けた。明治37年6月14日に桂太郎首相と協議し、経営状況を把握すべく、16日には大阪の百三十銀行本店へ赴き、帳簿を検査しようとした。ところが、銀行側は帳簿を見せず、「営業中に調査されると支障が出る」と、わざわざ別に作成したメモを示すだけで済まそうとする。安田はそのメモを見ただけで、事前調査との誤差に気づき、「やはり帳簿を見る必要がある。大至

グンゼ綾部本社。事務室はこの裏手にあったとみられる（綾部市青野町）

急持ってきて下さい」と命じたが、行員は「明日ご覧下さい」の一点張り。翌17日、安田が再び本店に行くと、店には「休業」の札がかけられ、重役が朝まで徹夜で帳簿を改ざんしていた形跡があった。

安田は激怒し、この時点で百三十銀行に見切りをつけたが、桂首相から「この事件についてはすでに陛下にも奏上し、なんとか救済せよとのお言葉を賜っている」とまで言われ、結局、再建を担うことになった。調査を再開すると、融資の過半が回収不能という驚がくの事実が発覚する。救済が決まってしまうと、重役たちも言うことを聞かなくなり、政府からの要請でやむなく引き受けたにもかかわらず、肝心の日本銀行は、事前に約束していた600万円すら、「安田銀行には貸せるが、百三十銀行には貸せない」と言ってくる。

にもかかわらず、世間では、安田が銀行救済を口実に低利融資をまんまと得ているという事実無根の噂まで流れた。この時、安田は65歳。「世間は斯《か》くまでに邪推《じゃすい》深き執拗《しつこ》きものか」と悲痛な言葉を残している。

そんな傷心の中で安田は鶴吉に出会い、「信をもって」という経営哲学を聞いた。安田は、銀行家という黒子として企業を支える人生の中で「事業は人である」という結論にたどり着いていた。自著「富之礎」の中で「一個の事業の成功するか失敗するかの根本原因は、一にも人物、二にも人物、その首脳となる人物の如何《いかん》によって決することを言明して憚《はばか》らぬ」とまで述べている。時の首相すら頭を下げる安田の心を動かしたのは、人を信じることで地域の大事業をなさんとしていた鶴吉だった。

安田系となった百三十銀行と強い結びつきができたことで、郡是は繭を買う資金の調達が安定。業績を伸ばし、拡大期に入っていく。

第4章
飛躍、そして最大の危機

生糸の船積み

拡大

「郡是」から「国是」へ

日露戦争があった明治37（1904）年から郡是は拡大していく。毎日新聞記者で「サンデー毎日」編集長などを務めた綾部市出身の故・四方洋さんは著書「宥座の器」で次の3点を挙げ、「郡是の発展であると同時に、企業の質的な転換をうながすものであった」と、この時期について分析している。

・別会社を持ったこと
・何鹿郡以外に進出したこと
・創業時に加わらず、まとまって対抗していた上林の製糸会社を買収したこと

郡是は明治39（1906）年、口上林村の円山製糸場、中上林村の赤耀館製糸場を買収し、最初の分工場にした。翌40年、繭の購入量は10万貫（375トン）を超え、釜数は500に到達。鶴吉が創業前に何鹿郡のために立てた生産目標は、計画通り創業10年で達成された。鶴吉はさらにその2年後、「群小製糸場を統一して大々的組織の経営を促しつつ」「自彊不息《じきょうふそく》（＝自分からすすんでつとめ励んで怠

らない）の精神をもって其の機の熟するを待ち、一大飛躍を」と全国進出を宣言。何鹿郡の外にも工場買収の手を広げた。

明治42年には京都府天田郡雲原（現・福知山市）の織田製糸場、同府天田郡上六人部村（同）の共進社製糸場、そして初の府外の本格的工場として兵庫県宍粟郡の宍粟製糸場を分工場にした。翌43年には京都府船井郡の園部と和知にそれぞれ工場を置いている。

口上林分工場

鶴吉が拡大路線を取った背景には、地域経済に対する強い危機感がある。明治37年、阪鶴鉄道が開通して綾部も交通の表通りとなり、43年には鉄道「京都線」が開通して、輸送時間が著しく短縮。他地域との激しい競争にさらされることが自明だった。規模拡大は時間との闘いの様相を呈していた。

企業は拡大期ほど落とし穴が潜んでいるものだ。「強大な敵がやってくる」と切迫した地域事情があればなおさらだ。宍粟製糸場の買収話が持ち込まれた時について、川合信水が刊行していた伝道の機関誌「誠心」で、鶴吉は「迷った」と正直に告白している。

２万円をかけて立ち上げた工場を１万２千円で「買わない

か」と持ちかけられた。「利益」だけで見れば割が良い商談だが、鶴吉は飛びつかなかった。「何を目的として引き受けるか。目的がなければ引き受けることが出来ぬ。いろいろと数日の間考えた結果、広く蚕糸業を愛するということが目的であると思うた」。

「貧しい養蚕農家のために地域を豊かにする」。何鹿郡外、そして全国へ進出する際も、鶴吉はこの原点を忘れなかった。

鶴吉は告白をこう結ぶ。「ただ、ここに至って深く考えるべきは、これが経営者その人を得るや否やの一事である」。企業規模が大きくなれば、経営者はそれに応じた大人物にならなければならないし、より多くの人材も必要になる。この8年前の明治34（1901）年、鶴吉は肩書きの上でも、兄・松逸郎（この頃には7代目嘉右衛門を名乗っていた）から社長の座を引き継いでおり、43年の郡是拡大期に至っては「もし、自分以上の人が現れ出るなら、いつでもその人に自分の位置を譲ることをちゅうちょしない」（「誠心」）と、いつでも身を引く覚悟だった。

火《か》焔《えん》

目の前で本工場全焼

郡是の業績は大正時代に入っても伸びた。大正元（1912）年には、綾部町に電灯がともり、翌2年には花街・月見町が綾部町に開町している。郡是の成長とともに、町には文明と文化の香りが漂うようになっていた。そんな中、災禍が再び郡是を襲った。

大正２年４月19日、半鐘が鳴り響いた。郡是の本工場汽缶場から出火。火はまたたく間に燃え広がり、繰糸場、事務所など工場、本社機能のほぼ全てに当たる建物11棟が全焼。器械、原料、製品も焼失し、損害は３万１千円に上った。

鶴吉は妻・葉那と本工場内にあった社宅に住み、従業員たちと暮らしていた。すぐに目覚め、炎を前に立ち尽くした。


――花子（＝葉那）！……花子！

お花は、振り向いた。

――退《さが》れ！……退らんか！

そのとき、轟然《ごうぜん》たる音響とともに、眼の前の一棟が崩れ落ち、黒煙のなかからひときわ赤い火焔《かえん》の舌がめらめらと立ちのぼった。（「一絲紊れず」）

鶴吉と従業員、養蚕農家が20年近くかけて積み上げてきた努力の結晶が、一夜にして灰燼《かいじん》に帰した。だが、洪水の時と同様、鶴吉はめげなかった。

――なあに、心配はいらん。前年度の成績良好のおかげで、復舊《ふっきゅう》は立ちどころや。……すぐに建築にかかろう。……器械の方を何とか見つけてくれんか！

火災の翌々日に本工場を訪れたジョセフ・スキンナー

鶴吉は急造のバラックで、山積した書類のあいだにテーブルを据えていた。

このあわただしい最中に、米国スキンナー商会主ジョセフ・スキンナーが来社した。焼土を案内してまわりながら、鶴吉は少しの弱音も吐かなかった。

――すぐにすばらしい製品をお見せしますわ……。

「一絲紊れず」は小説だが、ウィリアム・スキンナーから兄のウィリアム・ジュニア・スキンナーと共に家業を継いだ息子のジョセフ・スキンナーは事実、火災の翌々日に焼け野原となった工場を訪れており、写真が残っている。復旧が早かったのも事実で、それには、郡是が大正元年、2年と空前の業績を上げ、資金が豊富だったことが大きかった。

大火災の翌年、その危機ですら小さいと社史では見なされる存亡の危機が郡是に襲いかかる。

危　機

大暴落、神に祈る

「このままでは会社創立以来18年間の辛苦が一朝にして水泡に帰す」。鶴吉は倒産を覚悟し、天を仰いだ。

大正3（1914）年6月にオーストリア皇太子が暗殺され、7月にオーストリアがセルビアに宣戦を布告すると、8月にはオーストリアの同盟国ドイツがロシア、フランスに宣戦。イギリスがロシア、フランスなどの連合国側に加わって戦火は全欧州に広がった。第1次世界大戦である。

世界経済は大戦によってショック状態に陥った。為替取引が中断され、海上輸送も途絶したことで貿易は事実上麻痺《まひ》した。

鶴吉が大戦の一報を聞いたのは8月3日、郡是の生糸輸出を手がけていた神栄株式会社が横浜支店から送ってきた電報だった。追って詳細を記した文書も到着し、ニューヨーク生糸市場が取引皆無、横浜生糸市場も休止となったことを知らせる内容に青ざめた。

大戦勃発まで100斤（60キロ）千円前後の高値だった生糸の価格は、8月8日には780円に暴落。9月14日には760円と過去最安値を付けた。糸価は「崩落」し、「当会社始まって以来の危機を迎えた」（社史「グンゼ株式会社八十年史」）。

取締役の片山金太郎は8月5日の要録に「主任会に於《おい》て改革の件を社長より述べられたき事」と記しており、鶴吉は大戦の一報を聞いた直後に社業改革の検討に入ったが、世界的な経済ショックを相手に打つ手はなく、これ以降2カ月近く動きは見られない。大正3年度の損失額は30万3千円。本工場大火災の損害額の10倍近い額で、資本金の2倍、現在の貨幣価値で12億円に達した。当時の鶴吉の内心がどうであったのか。「小伝」が詳述している。

翁（＝鶴吉）はこの時ほど心配されたことはない。もし会社が潰れたら、さしあたり多勢の社員、職工の生活問題をどうすればよいか、多数の株主や関係養蚕家に対する迷惑を、どうして少なくしようか、近年会社を急速に拡張したので、関係範囲が非常に拡大されている。小さいままの会社であれば、また何とか工夫もつこうが、大きいだけにさすがの翁も思案に余り、どうして会社を立て直そうかと日夜心配のあまり、食事も進まず安眠もできず、顔色は日に日に悪くなり、「皆様に申訳がない、すまない」と、ひとり事を時々漏らされるので（以下略）

鶴吉は追い詰められていた。工場が水に没し、全焼しても、不屈の精神で郡是を再建してきたが、今度ばかりは万策が尽きていた。そんな真っ暗闇を歩くような心境の中で、一筋の光をもたらしたのは、鶴吉と共にキリスト教を信仰していた妻・葉那の一言だった。

はな夫人も翁の様子が非常に心配になって、「会社の損失はもとより、社長のあなたに責任はありますが、つくすべきことをすべてつくした上で、今度のような世界的大変動からできた大損害は、きっと神様もよく見ておられましょうから、そんなに心配して、もし病気でもでたら、このうえ、皆様に心配をかけることとなりますから、神様のお思召《ぼしめし》におまかせして、あまり無理など心配はなさらぬ方がよろしいでしょう」と慰められたので、翁は、「そうか、神様が見ていて下さるか」と、初めて気づいたように、痛心のあまり一事見失っていた信仰の強い光に目覚めて（以下略、「小伝」）

「人間は何かの役割を持って生まれてくる」という人生観が正しいか否か、筆者には分からない。ただ、それが真実だとしたら、この時の葉那こそ、それにふさわしい役割を果たした人はいない。鶴吉がもし、くじけていれば、郡是の歴史はこの時点で終わっていた。

団　結

立ち上がる従業員たち

「神様が見ていて下さる」。妻・葉那の一言によって鶴吉は我に返った。顔色も態度も正常に戻り、善後策を心静かに考え始めた。しかし、生糸の価格は上向く兆しすらない。郡是が倒産するのは時間の問題だった。大暴落が始まって3カ月が過ぎた大正3（1914）年11月6日、鶴吉は各工場主任会を開き、ついに人員整理を指示する。

各工場主任会のメンバー32人は、鶴吉を責めることも、人員整理の運命をただ受け入れることもしなかった。その後、すぐに上申書を提出する。

上申書

職をこの会社に奉じ、従来恩顧を蒙《こうむ》ること深く常に感銘罷在《まかりあ》り候処。過般全欧の戦乱突発して、爾後《じご》事態益々拡大し、今や全世界の経済界に大混乱を来し、殊《こと》に我が製糸業は世界的貿易品たる為め打撃を受くる事最も甚だしく候に付き、日夜痛心致居候へ共、良策無之、只だ敬愛する貴下に倚《い》頼《らい》して、御指揮に従い担任業務に精励可致は勿論、又其の待遇の如きは如何に御変更相成り候とも苦しからず候に付き、此の微衷を御受納被下度、時局に際し貴下に忠誠の意を表明致度此段上申仕候

つまり、「給与はどのように変更してもかまわない」と、連名で自ら減給を申し出たのだった。「業務刷新ノ件ニ付熟議ヲ遂ケ発表ス」。14日、鶴吉は断腸の思いで日記に記し、各工場の計33人を休職、臨時雇用者全員を解雇することを社内で発表した。するとさらに、17日に工女ら従業員たちから上申書が提出された。

上申書

郡是従業員たち

（前略）社長の御心労如何《いか》ばかりなるや、誠に察するに余あり。斯《か》くの時機を逸して何《いず》れの時にか社恩に報いん。吾々は私を捨てて力の及ぶ限り社恩に報いざるべからず。各自業務に奮励努力し励精に励精を加えて此困難窮阨《きゅうやく》を共にするは勿論、随而（随時）待遇の如きも、社長に如何に取り計らわるるも、秋毫（＝わずかなこと）も厭わず、身心を賭して会社の為に尽す覚悟なり。吾々は此災厄に会して袖手傍観《しゅうしゅぼうかん》（＝みずから手を下すことなく、成り行きを傍観すること）するに忍びず、茲《ここ》に謹而《つつしみて》微衷《びちゅう》（＝真心）を上申す。

「社恩に報いるのは今しかない」と記した上申書を読み、鶴吉は感極まって涙した。「皆さんが会社を愛して、この難局の苦しみを共にして下さる美しい精神を、まことにありがたく思います。会社がよくなればお返ししようと思いますが、この際はみな様のおこころをありがたくお受けいたします」。翌18日、臨時取締役会を開き、「①社員以下職工一同の給料を11月１日より従来の８割とする」「②職員職工ともに事業に差し支えない程度に一時休職または解雇する」ことを報告した。22日には工女１４４人を含む従業員計１５９人が加わり、分工場にも従業員が減給して郡是を守る運動が広がる。

従業員たちによる自発的な給料引き下げの申し出は、経済的な効果だけでなく、社内が団結する精神的な効果も大きかった。勇気を得た鶴吉は、以前から考えていながらも、実現が難しいと考えていた秘策を打つことを決断する。

融資

神に祈り、上京

生糸の価格暴落で、郡是は「糸を繰れば繰るほど赤字が増える」状態に陥った。長年蓄積してきた積立金が15万円あったが、暴落で生じた30万3千円の損金の半分でしかなく、社員たちの減給を加えても、残りの額が埋められない状態だった。

危機を乗り切る唯一の選択肢は、株式を追加発行して資金を得る「増資」だったが、増資で現金を得るには時間がかかる。つなぎ資金として銀行からの融資が何としても必要だったが、国内外の経済がショック状態にある中、銀行も生き残りに必死で、毎日赤字を重ねている郡是が融資を引き出せる状況ではなかった。

鶴吉には秘策があった。メインバンク百三十銀行からの融資を、同行を傘下に収める安田善次郎に直訴することだった。安田はかつて鶴吉の「経営は信をもってなす」という言葉に共感を覚えてくれた縁がある。「かのご仁なら、融資に応じてくれるかもしれない」。そんな思いがあったはずだが、安田は「銀行王」として金融ビジネスの冷徹さを日本で最も知る人間でもある。これまでの関係を切られ、即倒産という危険もはらんでいた。従業員2750人と地域の命運がかかった一か八かの賭けだった。

大正3（1914）年12月初旬のある日、鶴吉は毎週日曜に葉那と通っている綾部町の丹陽教会へ赴き、涙を流しながら神に祈りをささげた。言葉はない。ただ、ただ祈った。内田正牧師は「最も緊張した態度で共に神に祈りをしたことがありました。私は十数年以来いまだもって翁（＝鶴吉）の涙を見たことがありませんでしたが、その時こそは会社を思わるる心の奥底より、実に貴い熱涙を以《もっ》て祈られました」と証言している。

安田善次郎の本邸があった場所。現在は「旧安田庭園」として公開されている。本邸は大正11（1922）年に安田家が東京市に寄付したが、翌12年の関東大震災で被災。庭園のみが復元された（東京都墨田区）

　鶴吉は祈りのあと、汽車に乗り上京。現在の東京都墨田区にある安田の本邸を訪ねた。

　安田は病床にあり、鶴吉は一度面会を断られている。だが、鶴吉はあきらめなかった。「ぜひとも直々に面会してお願いせねば」と再度訴え、病室に通された。鶴吉が安田の枕元でどのように訴えたのかは記録がない。安田の一言だけを記している。「波多野さん、天気の日もあり、雨の降る日もあります。安心しておやりなさい」(「翁伝」)。

安田は鶴吉と会う前年の大正2年、家督を婿養子の善三郎に譲ったが、心穏やかではなかった。善三郎の注力した事業はどれも振るわず、葛藤をまぎらわすため、遊興に走り始めていた。金融で企業を支え、日本経済を豊かにするという安田の思想は一族にすら理解されず、倹約の精神は「ケチ」とののしられていた。晩年に入っていた安田にとって、鶴吉の突然の来訪は、かつての郡是事務所前での出会いを思い出させるものであったに違いない。

鶴吉が東京から郡是に帰ると、百三十銀行には「万一の場合には直ちに郡是を救済すべし」と安田から直々の命が届いていた。

安田もまた、鶴吉との邂逅《かいこう》のあと再起する。直営の鉱工業部門を縮小するなど産業部門から撤退し、以前の銀行中心のグループに安田財閥を戻した。最後には、組織の求心力を保つため、身を切る思いで善三郎を財閥から事実上追放すらしている。私情よりも公益を選んだ。

鶴吉は安田の恩を忘れなかった。大正4年に安田邸を訪ね、こんこんと礼を述べると、安田は「波多野さん、私は学問もなく何の力もありませんが、ただ人を見ることだけは人後に落ちないつもりです」と返したという。

「小伝」は両人を評してこう結ぶ。「実に偉人(、)偉人を知るという言葉の通りである」。

決　起

「郡是をつぶすな」

安田善次郎からの支援を得て、鶴吉は１９１４（大正３）年12月と翌15年1月に臨時株主総会を開催。優先株９０００株を発行し、資本金を60万円に増やすことを決めた。

株を率先して買ったのは減給を自ら申し出た従業員たちだった。１９２人から１１１６株の応募があり、役員たちの５３１株の倍以上に達した。それでもなお約７３５０株が残る。

鶴吉は当初、うち４０００株を取引先の神栄に依頼するつもりで内諾も得ていた。しかし、ここで再び予想しなかった波が起こる。従業員に続いて、各地の養蚕農家たちが「郡是をつぶすな」と立ち上がり、残りの株を買っていったのだ。

「グンゼ１００年史」は百科事典並みの大きさで９４１ページあるが、この農家たちの決起について、ただ1行「養蚕家からも全工場管内で多数の応募があった」と記述するのみだ。背景を解き明かしたい。

これまでに記した通り、郡是と養蚕農家の関係は深かった。繭を買いたたかれることはなく、品質に応じて代金がきっちり支払われた。創業期に株を買った農家は配当を毎年得て、娘が工女として働く家も多かった。農家は郡是に三つの恩があった。

工女として働いた養蚕農家の娘たちが鶴吉や郡是に対してどのような思いを抱いていたのかは、「宥座の器」が一例を記している。要約して引用したい。

出口さと（故人、取材時92歳）は工女として14歳で入社し、岡山県の津山工場へ赴任した。（郡是はすでに「表から見れば工場、裏から見れば学校」という評を世間で得ていたため）「学校へ行くのだとばかり思っていた。工場で働かされることがわかると、三日三晩泣き通した。するとふびんに思った工務主任・田中八之助などのはからいで、特別に半年間、午前中だけであったが外の学校に通わせてもらうことになった。「もう、うれしくて、うれしくて、学校までの松並木の道をカバンをぶんぶん振りまわして、駆けていきました」。入社の年には修了式で新人工女を代表して鶴吉から賞状を手渡され、「波多野さんから賞状をもらったときの感激は、この年になっても毎日わきあがってきます」と語る。

経済的に養蚕農家と郡是は一心同体だったが、人間は利害だけで動く存在ではない。第1次世界大戦による経済混乱は、生糸だけでなく、米価にも跳ね返り、農家に余裕などなかった。出口さとのような人間としての幸せを娘たちが感じていたからこそ、農家の父親たちはなけなしのカネを出して株を買い増した。

増資によって郡是は、1年にわたる倒産の危機を乗り越えた。翌大正4年、生糸の価格は上昇に転

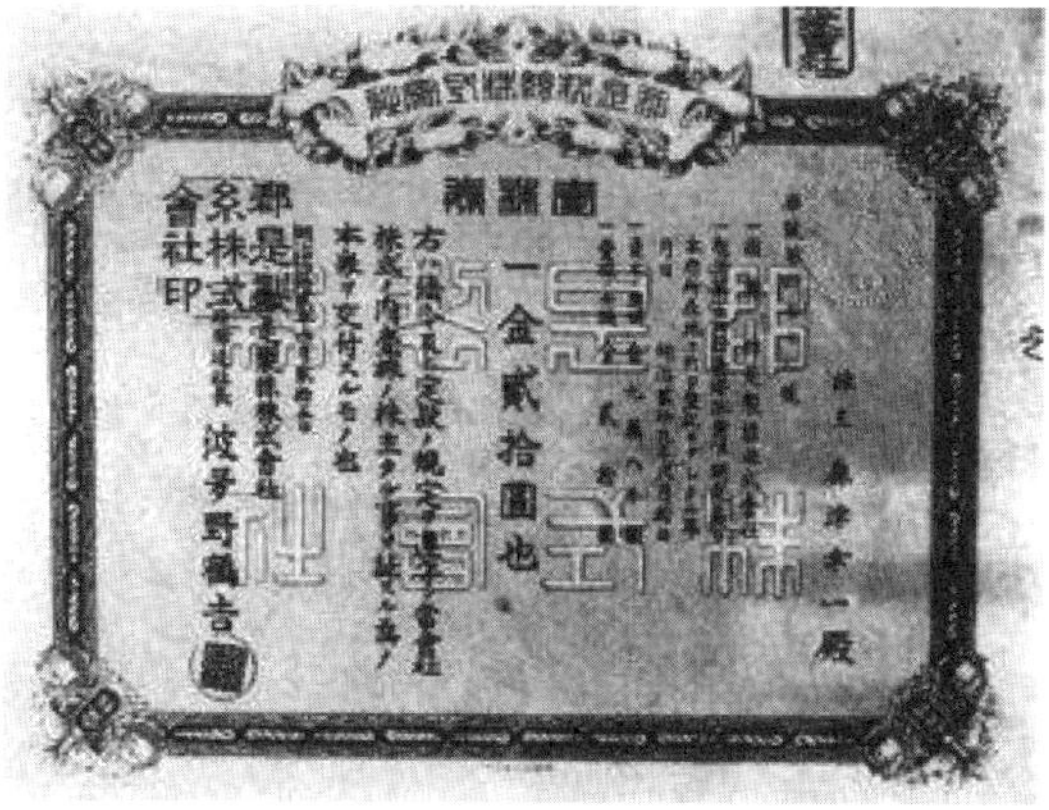

額面20円株券

じ、業績は急回復する。鶴吉は人から褒められた際、次のような言葉を残している。

「けして先見の明があったわけでも何でもない。これは全く神様の御恵《みめぐみ》で、私としてはただそのお力にそって最善を尽くしただけだ。あの１年は私にとってただ祈りの１年だった」

郡是は大正５年５月、津山製糸合資会社（津山工場の前身）を買収。７月には資本金１４０万円の第二郡是製絲を設立し、10月にはこれを合併して資本金を２００万円とし、14工場、従業員４７３０人を擁する大会社に成長した。

翌年、鶴吉に「もしかしたら」と、ある話が持ち込まれる。

郡是創業から21年の時が流れていた。

第5章
栄光の日々は過ぎて

鶴吉（中央）と葉那（右）、養子の林一（左）

行啓

行啓を記念して発行された絵はがき。右上が貞明皇后

皇后視察　人生最良の日

郡是本工場に本社事務所として新築した本館を、綾部警察署長が訪ねたのは大正6（1917）年10月13日のことだった。

「まだ表向きの御沙汰ではないが、皇后陛下がこの会社へ行啓する」

従業員5千人近い会社に成長したとはいえ、いち民間企業に過ぎない郡是への皇族視察は異例だった。鶴吉は最初、「果たして事実なのか、何かの間違いではないのか」と半信半疑だった。

当時の皇后は昭和天皇を生んだ貞明《ていめい》皇后である。蚕糸業奨励に並々ならぬ関心を寄せ、ハンセン病患者の救済にも尽力した。病弱の夫・大正天皇を助け、当時絶大な権力を持っていた山県有朋と宮廷をめぐるやり取りで互角に渡り合ったと言われている。鶴吉をはじめ、国民の尊敬の念は大きかった。

行啓の様子。１万4000人もの歓迎の列ができたという。後ろの建物が本館で、現在は郡是の歴史を伝える「グンゼ記念館」として公開されている

署長からもたらされた行啓の一報は事実だった。行啓の日が11月16日と決まると、鶴吉は準備に心血を注ぎ、本館２階に御座所（貴賓室）を設けた。

貞明皇后は本工場に16日午前11時40分に到着した。当日朝の鶴吉の緊張は尋常ではなかった。「宥座の器」は、当時３歳だった鶴吉の孫・初子の述懐をこう記す。

行啓の当日に風邪などをひいていては大変と、せきばらい一つしてもいけないような緊張した空気が家中を支配していた。当日の朝、鶴吉がシルクハットを持って家を出ていくと、見送った家族はようやく息をついた。「子ども心にも非常に緊張したことを憶えています」。

緊張だけでなく、鶴吉の喜びもまた尋常ではなかった。貞明皇后を出迎えた際、あいにくの小雨が降っていたが、それすら「（キリスト教の）洗礼を受けた心地がいたしました」と社の記録に記すほどだった。

本館（現・グンゼ記念館）に設けられた御座所（綾部市青野町）

貞明皇后は到着後、御座所に入り、社長の鶴吉にすぐに拝謁を賜った。鶴吉が隣室に立てられた屏風の脇まで進んで敬礼すると、椅子から立ち上がった。御座所に2歩だけ足を踏み入れた鶴吉が最敬礼し、感激のあまり頭を上げることができないまま退こうとすると、下賜品を渡した。

御座所は現在も保存され、下賜品はそこに今も展示されている。鮮やかな緑地に、カイコとその成虫であるカイコガがあしらわれた見事な七宝の香炉で、皇后の心配りに鶴吉は感動したに違いない。

鶴吉の記録によると、貞明皇后は拝謁後、昼食をとってすぐに工場内をくまなく視察した。選繭場へまず赴き、すりガラスの上で、養蚕農家から仕入れた繭を「一等繭」「二等繭」と選別する様子をくわしく見た。第二工場では、蒸気が霧のように立ち上るむしむしした場内で、黒い作業服を着た数百人の工女が糸を繰る姿に見入った。

次の養成工場では、新人工女が索緒（箒を使って繭から糸を引き出す）、精緒、接緒（糸をつなぎ合わせる）、繰糸と工程ごとの4班に分かれ、教婦から技術を仕込まれて練習する様子に特に感じ入った。その後も第一工場、玉糸工場、場返工場、大枠検査場から仕上場と隅々まで回り、糸の結束方法や横浜へ出荷する前の検査の様子、輸出用の洋俵の荷造りまで視察している。輪になっている生糸をねじって束にする工程「捻作《ねんづく》り」について「男工のみが行っております」と現場で説明を聞いた時には、「なぜ女子にはできないのか?」「工女の賃金はいかほどか?」と次々と質問し、「子細まで質問を下さるとは」と、案内役としてそばにいた鶴吉を感激させている。

鶴吉はその後、「長時間の視察でお疲れではないのか」と危惧し、本館に貞明皇后をお連れした。しかし、皇后は休憩を取らず、さらに、本館2階に陳列していた蚕種（カイコの卵）や繭、輸出用や国内向けの生糸を見て回り、解説文を名前から生産額まで読んだ。時刻は午後2時を回っていた。

視察時の貞明皇后の様子について、鶴吉は「極めて快活」で「絶えず御微笑を含ませ」と記し、人間的な魅力を感じた。「時々には不肖をして思わず陛下の御前にあることを忘れしむる程、御仁徳に満ち給い」とまで形容している。

視察に備え、本工場はすみずみまで掃き清められ、磨かれていた。視察中、鶴吉が何よりも喜んだのは、工女らが仕事に集中し、誰一人、皇后を脇見しなかったことだった。行啓は鶴吉にとって、人を一人の人間として預かり、育てるという郡是の事業の集大成が示された場であり、人生最良の日だった。

行啓から1週間後、郡是は創立20年記念式を挙げた。鶴吉は「資本は20倍、工場数は14倍、釜数は17倍、原料の消化量と生糸の産額は100倍の多きに達し」と自社の躍進を演説し、「天意にかなない人道に合し…」と結んだ。

創業前から数えて30年間の苦節とその結実を振り返り、感無量となった鶴吉がそこにいた。

最期

講演中倒れ、目覚めず

鶴吉と葉那の間には子が生まれなかった。鶴吉は48歳になった明治39（1906）年、親類の山内家から林一を養子に迎えた。大正2（1913）年には兄・松逸郎（7代目嘉右衛門）の末女壽恵子《すえこ》（羽室家家系図では「寿衛」「すえ」との表記もある）と結婚させ、郡是の後継者とした。鶴吉にとって気がかりは、林一夫婦がキリスト教に入信していないことだった。

貞明皇后の行啓が無事に終わって4カ月後の大正7（1918）年2月23日朝、林一は入信をついに決意。鶴吉とともに、丹陽教会執事になっていた高倉平兵衛の裏座敷に牧師を訪ね、「妻と洗礼を受けたい」と告げた。

鶴吉にとってキリスト教は心の支えだった。23歳で養家を破産させ、故郷の延村で「鼻欠け」と後ろ指を指されながら蚕糸業に踏み出した頃、「私のような者でも生まれ変われるのだろうか」と自問しながら信仰の道に入った。キリスト教は経営哲学である「信」の根幹を支える「愛」の思想でもあった。それだけに、「大なる手腕ある物質的相続者よりも、真面目にして、敬虔なる信仰的相続者を得たことは、無情の歓《よろこ》びである」と林一の入信を喜んだ。

牧師も「これで波多野家は万々歳だ」と祝い、笑みを交わす鶴吉と林一を写真機で撮った。時間は午前10時、それが、写真に残された鶴吉の最期の姿となった。

鶴吉はその日の午後、何鹿郡在郷軍人会が主催する講演会の講師として、何鹿郡立女子実業学校（現・綾部高校）で講演した。演題は「日本魂と宗教」。「日本魂はもとわが国民特有のものであって」と元気に語り出したが、急に語気がもうろうとなり、教育勅語の一節を読もうと手帳のページをめくりはじめたがめくれない。由良源太郎・綾部町長が「波多野さん、お気分が悪いのですか」とつかつかと近寄ると、崩れるように倒れた。

急逝の当日、林一（右）と写真に収まる鶴吉

由良町長が鶴吉を抱き起こし、医師や薬那が駆けつけた。介抱するが、鶴吉は高いいびきをたてて眠るがごとく意識が戻らない。脳《のう》溢血《いっけつ》だった。鶴吉は長年暮らしてきた社宅へ運ばれたが、目を再び開けることなく、午後9時50分、世を去った。享年60歳だった。

鶴吉の社葬は3週間後の3月16日に営まれた。鶴吉にかつて洗礼を執り行った留岡幸助牧師は鶴吉の人間像を「地味な成功者」「打算よりも人道を重んず」「経済と道徳との調和並行」「至誠は信用を呼び起こす」「沈黙の人」「刻々修養を怠らぬ人」「自ら奉ずるの薄き人（自ら偉ぶらない人）」と人間像を七つにまとめ、悼んだ。伝道者の押川方義は鶴吉を「偉大なる二つの事業をなしとげた人」とし、一つは「真に生命の真価を解決した人間としての成功者」、もう一つは「国家社会に貢献寄付をなしとげた国民としての成功者」としのんだ。言葉の通り、鶴吉は全てを失った末に人生をやり直し、残りの生涯を地方に生きる貧し人々のために捧げた。全力で生き、惜しまれて死んだ。

鶴吉と葉那の墓。養家があった波多野家のすぐ近くにあり、グンゼ従業員が墓参りに毎年訪れる（綾部市八津合町）

没後

「人として豊かに」世界へ

鶴吉は急逝する5年前の大正２（１９１３）年、城丹蚕業講習所の創立20周年記念講演で「人造絹糸《けんし》（レーヨン）の進歩も大いに注意を要す」と述べ、生糸の時代の終わりを予見していた。安価なレーヨンに生糸は押され、大正15（１９２６）年には、価格が１００斤（60キロ）１５００円を切り、以降14年間、一度もこの水準に戻らなかった。

常務の林一は大正15年、欧米を視察。米国で急激に需要が伸び、弾力性が必要なためにレーヨンでは代替できない靴下に生糸の活路を求めていく。靴下用の生糸の生産に加えて、昭和9年には絹靴下の生産も開始。多くの製糸会社が倒産していく中、郡是は生き残っていく。

昭和16（１９４１）年12月に始まった太平洋戦争は、米国への生糸輸出を途絶させ、郡是に軍需産業への転換を強いた。戦局が悪化した18年には蚕糸部門の工場の多くが軍需物資を管理するために日本蚕糸製造に移管され、本工場など残りの工場では軍用機部品などを製造するようになった。八鹿工場（現・兵庫県養父市）では、戦闘機「紫電改」の尾翼や胴体が作られた。20年４月には福島県安達郡本宮町の東北神１０８工場（本宮航空機製作所）が米軍の爆撃機Ｂ29に爆撃され、従業員とその家族など計40人が死亡した。日中戦争から太平洋戦争までの８年間で、従業員は延べ１１１３人が召集され、２２５人が戦死・戦病死した。

戦闘機を生産する八鹿工場

「今後は製糸業の経営を当社に復帰させるべく最善の努力をする」。終戦後、林一は社長として、郡是を再び製糸業に復帰させつつ、メリヤス肌着、ストッキングといったアパレル事業に軸足を移していく。

郡是は昭和37（１９６２）年にはプラスチック分野に進出。42年には社名を現在の「グンゼ株式会社」に変更した。海外にも進出し、現在では中国、インドネシア、米国など世界10カ国・地域に工場や事業所を展開している。

グンゼベトナム工場で働く女性従業員たち（ベトナム・ホーチミン市）

ガー。200台以上のミシンが高速音を響かせる。ベトナム・ホーチミン市のグンゼベトナム工場。約700人が働き、女性従業員たちがシャツを次々と縫い上げていく。工場ではシャツとパンツが年220万枚生産され、99％が日本国内で流通する。

グンゼベトナムは平成7（1995）年に創業した。女性ルン・ミー・スアンさん（39）は17（2005）年に入社し、裁縫部門で働く。中学生の長男（11）と小学生の次女（7）を「グンゼでずっと働いて、大学まで行かせるのが私の夢です」と話す。昨年、グンゼベトナムに入社し、同じ職場でシャツを縫う長女のグエン・スアン・チュックさん（18）も弟と妹を大学に通わせるという母と同じ夢を抱き、「母とバイクで工場に通勤するのが一番幸せな時間」と笑顔を見せた。

鶴吉が世を去って102年（筆者が取材した2020年時点）。スアン母子は「波多野鶴吉」の名を知らない。しかし、鶴吉や川合信水の精神として受け継がれ、グンゼの従業員が守ってきた「三つの躾《しつけ》（あいさつをする、はきものをそろえる、そうじをする）」は工場で学び、実践している。筆者が驚いたのは、「躾が何につながるか知っていますか？」と尋ねた際、「相手を大事にする。事前の準備をする。ちゃんと仕事ができる環境にする」とスアン母子が自分の言葉で答えたことだ。

産業を興し、人々を高め、地域を豊かにする——。鶴吉の遺志は世界に広がっている。

コラム

和田傳について

本書は、小説「一絲紊れず―蠶絲界の先覺・波多野鶴吉―」を一部引用している。本章にも書いた通り、「一絲紊れず」は、山岡荘八が書いた小説「妍蟲記」と異なり、登場する人物はすべて実名で、事実関係も史実と明りょうに異なる点は見当たらない。このため、筆者は「実録小説」として史実の場面を分かりやすく説明するために用いてきたが、あえて書き記しておきたいことがある。著者である小説家和田傳《つとう》についてである。

和田は「二宮金次郎」をはじめ数多くの作品を残しているが、内容については慎重にならざるを得ない側面がある。長野県の満洲分村移民を描いた小説「大日向村」(1939年、朝日新聞社刊)は、事実にフィクションを巧みに織り交ぜた「国策小説」とされているためだ。和田は鶴吉の没後に取材し、「一絲紊れず」を書いている。

私は、新聞連載と本書の執筆に際し、鶴吉について丸2年間、綾部市を中心に各地の現場を歩いて取材を重ねた。鶴吉が書き残した日記や講演録、鶴吉を直接知る人々の証言を集めた「波多野鶴吉翁伝」「波多野鶴吉翁小伝」のほか、社内資料を基に考察、編さんされた「グンゼ株式会社八十年史」といった社史、現在も存命の関係者や子孫の証言をもとに連載したが、「一絲紊れず」との矛盾は見当たらなかった。ただ、養蚕農家の母子「佐藤ヤスエ」の場面ついては「創作部分が全く無い」とは断言できないことを、本章に重複する形になるが、改めてお断りしておきたい。

現代でこそ、創作で描かれたものは「フィクション」、事実を書き記したものは「ノンフィクション」と区別されているが、「大方の人が思うよりもノンフィクションは『若い』。せいぜい一九七〇年代にまでしか遡れない概念」（武田徹「日本ノンフィクション史」）だった。「伝記」という言葉はあったが、実録的に人物を描いたノンフィクションでも「小説」として出版されることは多かった。筆者としては、本書出版までに佐藤ヤスエの生家や末えいを探し出すべく、現在も取材を続けているが、まだ見つけ出せていない。本書の出版を機に、和田の記述が事実であることを証明する情報が得られればと思っている。

対談「渋沢栄一と波多野鶴吉
――『民』から見た明治維新」

京都産業大学教授　松本　和明
京都新聞記者　八幡　一男

2021年3月25日　於・京都新聞本社

２０２１年、「日本資本主義の父」と呼ばれる経済人で実業家の渋沢栄一《しぶさわえいいち》に光が当たっている。テレビをつければ、ＮＨＫ大河ドラマ「青天を衝《つ》け」が放映され、書店に行けば、関連本が山積みになっている。24年には、福沢諭吉に代わって1万円札の新しい顔にもなる。企業約５００社と約６００団体の創設・運営に携わり、地域の発展を追求した渋沢の思想と実践は、本書で取り上げてきた波多野鶴吉と驚くほど共通点が多い。接点がほとんど無い同時代の二人が、なぜ同じ「ビジネスは地域のため、みんなのため」という同じ思想にたどり着いたのか――。地方の視点から渋沢を20年以上にわたり研究してきた松本和明・京都産業大学教授と意見を交わした。

松本和明・京都産業大学経営学部教授

1970（昭和45）年生まれ。93年、明治大学経営学部卒。99年、明治大学大学院経営学研究科博士後期課程中退。同年、長岡短期大学（新潟県長岡市）専任講師。2012年、長岡大学教授。19年から現職。渋沢栄一の企業者活動・社会貢献活動・地域振興を研究。近年は京都産業大学が包括連携協定を結んだ綾部市を定期的に訪れている

同時代に生き、似た出自

八幡　「明治維新」と言うと、西郷隆盛といった志士の活躍に目が行きがちですが、幕藩体制から近代国家に日本が移行できたのは政治の力だけではない、と私は思っています。波多野鶴吉を調べていくと、明治という時代がどんな時代だったのかが彼の人生を通して見えてくる。渋沢は天保11（１８４０）年に生まれ、昭和６（１９３１）年に91歳で死去。鶴吉は安政５（１８５８）年生まれですが、渋沢より早い大正７（１９１８）年に亡くなっています。鶴吉の方が18歳年下ですが、明治・大正の同時代を経済人として共に生きてい

る。

松本　二人の歩みは重なりますね。渋沢は武蔵国血洗島村、現在の埼玉県深谷市の生まれです。農民ですが、貧しくはない。いわゆる「水呑百姓《みずのみ》」ではないんです。大資産家というほどではないが、財は相当にあり、地域のまとめ役で有力者だった。田畑だけでなく、商品作物を栽培していました。桑を育ててカイコを飼う。藍を栽培して藍玉に加工し、染料として各地に売りに行っていましたから、単なる農民ではありませんでした。

松本教授と筆者の八幡（右）

八幡　渋沢の生涯を描く大河ドラマ「青天を衝け」を見て、私が大変驚いたのは「渋沢栄一の実家って養蚕農家だったのか！」でした。渋沢を知っている方なら常識なのでしょうが、私のような渋沢をそれまで知らなかった人、中でも特に蚕糸業（養蚕業と製糸業）に関わりがあった方は驚いたと思います。鶴吉の生家である羽室家は京都府内でも有数の財力を誇る大庄屋でしたが、何鹿郡（現在の綾部市と一部の福知山市）は養蚕が盛んで、由良川沿いに立つ生家の周りには養蚕農家がたくさんありました。鶴吉自身、郡是を創業する前から養蚕を試験的に手がけています。羽室家は綾部藩への貢献で苗字帯刀が許されていましたが、武士ではない。財力のある「富農」に分類されると思います。

渋沢栄一

1840（天保11）年、血洗島村（埼玉県深谷市）の農家に生まれる。家業の藍玉の製造・販売、養蚕を手伝う一方、幼い頃から父に学問の手解きを受け、従兄の尾高惇忠から「論語」などを学ぶ。尊王攘夷思想の影響を受け、尾高らと高崎城乗っ取りを計画するが中止し、京（京都市）へ。一橋慶喜に仕え、一橋家の家政改善で頭角を現す。27歳で、慶喜の実弟・徳川昭武に随行し、パリ万博など欧州諸国の実情を見聞。帰国し、「商法会所」を静岡に設立、その後明治政府に招かれ、民部省（後に大蔵省）の一員として、新しい国づくりに関わる。1873（明治6）年に大蔵省を辞し、民間経済人に。日本初の銀行「第一国立銀行」（現・みずほ銀行）を開業。株式会社組織による企業の創設・育成に力を入れた。現在の東京海上日動火災保険や東京ガス、キリンビール、帝国ホテルなど企業約500社、約600の教育機関・社会公共事業などの団体の設立・育成に携わり、晩年は民間外交にも尽力した。「日本資本主義の父」と呼ばれる。1931（昭和6）年、91歳で死去。2021年、生涯を描いたNHK大河ドラマ「青天を衝け」が放送。2024年から福沢諭吉に代わり新1万円札の肖像になる

（国立国会図書館提供）

松本　渋沢家も「富農」です。渋沢家の場合は商品作物、特に藍玉を生産し、売っていた。近くを流れる利根川から船で各地に出荷していた。陸路も中山道が通っています。これを大いに活用しています。故郷の血洗島はヒト・モノ・カネが行き交う地で、情報も集まりました。父親の教育もあって、10代の渋沢はそこで得られる知識をどん欲に吸収し、江戸だけでなく、川の上流の上州（群馬県）や信州（長野県）にも行って見聞を広めました。藍玉の販売も行った。もし、渋沢が田を耕すだけの地域の生まれだったなら、その地域で完結する人生で終わっていたかもしれません。

八幡　鶴吉の生家があった延村（現・綾部市延町）も由良川や街道に近い。綾部藩でも綿作を奨励し、それが明治に入って桑に変わってゆく。商品作物の栽培が盛んで、かつ交通の

要衝。生育環境で見ると、二人は共通点が多い。驚きですね。

思想の背景に「論語」

八幡　渋沢は10代で農民ながら尊皇攘夷運動に身を投じるなど、日本の行く末や武士を第一とする幕藩体制に強い問題意識を持っていました。少年期、青年期はどんな教育を受けていたのでしょうか?

松本　一般的には、武士の子弟は藩校で儒学、漢学のみならず、幕末になると洋学も学んでいましたし、庶民も寺子屋で読み書き算盤《そろばん》といった基礎学力を獲得していました。渋沢は父の市郎右衛門や従兄の尾高惇忠から学んでいます。読み書き算盤だけでなく、(武士と同様に)「論語」をはじめとする儒学、漢学も学んでいました。当時は地方でも儒学者、漢学者が土地に住み着いて、渋沢のような富農クラスの子弟を教育することがあちこちでおこなわれていました。子どもの頃に論語を素読して暗記し、年齢が上がると、意味や解釈をより高いレベルで学ぶ教育がなされていた。高い教育を受ける環境が地方にもあったのです。

八幡　鶴吉も藩が庶民の教育のために設けた全寮制の学校「廣胖堂《こうはんどう》」で一時期学び、養子先の波多野家でも、現地の領主・藤懸氏の城代家老だった石井半蔵から「論語」を学んでいます。二人とも「論語」が教養のベースになっている点も共通していますね。

京都は明治期「外国」だった

八幡　出自に共通点が多い渋沢と鶴吉ですが、20代に入ると、境遇が大きく違ってきます。生まれるのが18年早かった渋沢は幕末に一橋慶喜家に出仕し、幕府将軍となった慶喜の命でパリ万国博覧会に参加する使節団の一員となります。欧州に1年半以上滞在して、鉄道、ガスといった西洋の科学文明だけでなく、株式会社、金融市場といった広い意味での経済インフラも目にしています。一方、鶴吉は17歳で故郷の何鹿郡（現在の綾部市と一部の福知山市）を飛び出して、科学文明が芽生え始めていた京都（現・京都市）に約6年間遊学していますが、海外には一度も出た記録がなく、二人の人生は、片や海外、片や国内で、青年期にかなり分岐しているように見えます。

松本　一見分岐しているようですが、二人の体験には共通点が多い。鶴吉が京都へ遊学した頃は鉄道もない時代で、道も現在のように整ってはいません。山々をはるばる越えて京都に行くわけです。太平洋、東シナ海、インド洋、さらに地中海を行く60日間にわたる航海という、まさしく「命懸け」で欧州に渡った渋沢の海路に匹敵するとは言えませんが、遠く離れた先進地を見聞したという意味では二人の体験は同じです。渋沢と鶴吉の両方に深いつながりがある（実業家の）安田善次郎も越中（富山県）出身で「商人として成功するのだ」と立志して江戸に出ている。在所で死ぬのが普通の時代に、故郷から打って出る点は重なっています。

八幡　鶴吉は、郡是創業後の人生については証言や記録がたくさんあるのですが、京都に遊学していた約6年間の期間は「空白の時代」で記録がほとんど残っていません。女遊びばかりをしていたという俗説があり、没後もその点が大衆演劇で面白おかしく演じられたために広がった俗説ですが、私が調べると、事実はかなり違う。鶴吉がいた明治初期の京都は、行政が「産業都市」を目指した変革期で、鉄道が開通し、さまざまな産業が試みられていた変革期です。その大都会に山間の何鹿郡から来た若者が遭遇した。しかも、鶴吉には数学や英語の知識があった。そこで何も吸収していないわけがない。一方の渋沢は、使節団の随員として欧州でどのような体験をしたのでしょうか？

松本　使節団における渋沢の役割は、分かりやすく言うと「会計係」です。資金の管理をしていた。幕府の使節団ですから、一行は、はじめは高級なホテルでリッチに過ごすわけですが、外貨送金などは容易にできない時代なので、手持ちの資金が急速に減っていく。「何とかせねば」となったわけです。渋沢は実家で藍玉を商った経験があり、渡欧前には播州（兵庫県西部）などの一橋慶喜家の領地で産業振興に取り組み、スキルを蓄積していました。

八幡　実家で養った計数感覚に、領地経営でさらに磨きがかかった状態で欧州に行っている？

松本　そうです。ヨーロッパでは鉄道をはじめインフラが整備され、地下鉄や試験的なエレベーターまであった。上下水道が整備され、電気が通り、ガス灯もついていた。最新の文明を目の当たりにした。金融市場も構築されており、渋沢はフランス人銀行家からの勧めもあって、鉄道の株式や社債を運用し、成功しています。正しくカネを使い、カネが世の中を回っていくことが社会の力になることの意味を学んだ。この点は渋沢にとって大変大きかったのだと思いますね。

八幡　鶴吉は京都で最初は数学書を著して出版で身を立てようとしますが、失敗します。その後は塩田を買おうとするなど投機的な事業に走りますが、カネが集まらず、失敗を重ね、やがて破産する。そこから人生をやり直すのですが、どん底にまで落ちたことで、「投機」と「投資」の違いを理解した。

松本　「何か物事を始めるには資金がかかる。だから投資は必要。でも投機は不可」という意識を渋沢も生涯持っていました。パリでもロンドンでも、まじめに投資して成功した人、博打的な投機で失敗している人を目の当たりにしたのだと思われます。ただ、渋沢も耳学問で終わらず、投機的な金融商品も試しに運用していたと思います。若い頃に相場が動く藍玉を商っていますから、そこで多少は痛い目にも遭っていたでしょう。ヨーロッパで見聞して「すごいね」「怖いね」で終わるのではなく、「自分でやってみないと分からない」と体験して学ぶ人だったのです。

八幡　「まずはやってみる」というチャレンジ精神、ベンチャー精神ですね。鶴吉は失敗ばかりでしたが、積み重ねた経験は後の郡是成功の肥やしになっています。

江戸時代は「前近代」か

八幡　ベンチャー精神という点では、江戸時代中後期に入ると、商品作物の生産のほか、農業用水を引いたり、湿地を干拓したりするなど、地方でいろいろな経済活動が挑戦的に行われています。担い手は学があり、財もある富農たちでした。現代では、江戸時代の幕藩体制が「古い時代」で、「明治維新でリセットされた」というイメージを持ちがちですが、違う気がします。

松本　おっしゃる通り。日本史で江戸時代を「プレモダン（前近代）」と英訳していることがありますが、「アーリーモダン（初期近代）」というとらえ方をすべきだという意見が研究者の間でもあります。江戸時代中後期は、全ての藩ではありませんが、諸藩で新しい地域振興の試みが起きていて、その蓄積が明治以降の経済成長や産業発展に活きています。

八幡　マクロ経済的にも、江戸時代はコメが第二通貨として機能するなど日本独自の資本主義がすでにあった。ただ、株式会社はありませんでした。渋沢の思想や言葉の中で最も有名で、かつ面白いのは「合本主義」です。地域でできるだけ多くの人がカネを出し合い、株式会社を作る。私益だけを追求するのではなく、「公益第一、利益第二」の考え方で地域経済に貢献するビジネスをしていく。欧州は科学産業が発展していましたが、マルクスが批判したような労働者を搾取する「悲惨な資本主義」の時代でもありました。渋沢は欧州の「光と闇」の両面を見て、深く洞察し、欧米よりも1歩も2歩も進んだ思想を生み出した。

松本　渋沢は幼い頃から父親の藍玉の商いを見ていて、自分も担っている。やはり、この経験が大きいのだと思います。ヨーロッパの資本主義の優れた側面だけでなく、ひずみも見てきた。ヨーロッパの人間でも、アダム・スミスは「公益」の重要性を認識していますが、「私益第一、公益第二」なんですね。「それでは社会は豊かにならず、人々は幸せにならない」と渋沢は見ていた。幼い頃からヨーロッパ滞在時までの経験をそしゃくし、自分なりの思想を形成していったのだと考えられます。

「リスクもシェア」株式会社

八幡　「公益第一、私益第二」という目的を達成する手段として、渋沢も鶴吉も株式会社という制度をうまく活用しています。鶴吉は年収に匹敵する額の株を養蚕農家1軒ずつに買ってもらっていて、事務方に「小株が多くて困ります」と愚痴られている。彼がなぜそうしたのか。鶴吉がいた丹波地方が貧しかったからだという説もありますが、それにしても、鶴吉は７００人以上から株を集めている。

松本 欧州では株式は広く集めるのが基本です。特定個人や少数者でとどまると、発展の余地は限られ、地域社会への広がりも欠ける。渋沢も、小口で広く集めて、利益もリスクもシェアするという考え方を持っていた。

八幡 そうか！ リスクもシェアするのか。

松本 配当が減る、なくなる。赤字になって負債が重なる。株主は当然、リスクもシェアしなければならない。もとより株式会社は私的な組織ですが、「公器」であるとも渋沢は強く意識していた。特定少数が資金を出して利益を独占するのではなく、広く網をかけて出資を募る。小口であっても資金を出してもらった以上は大事な相手で、長いつきあいをする。「もうかったら良いけれど、もうからなかったら逃げ出す」という、その場限りのつきあいではなく、「良い時も悪い時もつきあいましょう、笑いも涙も一緒に」というのが会社の存続につながり、社会や地域を潤してゆくのだという考え方です。言葉にすれば、渋沢では「合本」になるわけですが、鶴吉もその「合本」の意識が強かった。

八幡 渋沢も鶴吉も、株式会社を、資本を集める単なる手段としては見ていない。人と人を結びつけるシステムとして見ていた？

松本 そう理解すべきです。株式会社、渋沢の言う「合本組織」はオープンなんです。広がれば広がるほど良い。逆に、財閥は閉鎖的なシステムですが、渋沢は「それは良くない」と考えていた。渋沢は同族会社を作って株式の売買もやっているのですが、「株式会社は公器、公益第一の組織」という思いは非常に強くて、そこが全てとさえ見ていた。地方で会社を興す時は、地域の内、外も含めて、大勢に参加してもらう。金額の大小は別として。三人寄れば文殊の知恵。うまく行けば成果を分け合う。うまくいかなくて生じた損失もみんなで分け合い、乗り越えていく。サスティナブル（持続可能）なやり方ですね。成長と存続。祭りの屋台、学園祭の模擬店のように「1日2日開いて、もうけて終わり」では駄目だし、特定の個人だけがもうけて、利益を吸い上げても駄目。

八幡 確かに。渋沢は、三菱財閥創設者の岩崎弥太郎と事業の取り組み方を巡って論争し、決別しています。継続性という点で郡是の歴史を見ていくと、面白いのは創業直後の水害時と第1次大戦時です。大戦時は戦争で生糸の国際価格が暴落し、郡是は倒産の危機に直面する。その時、従業員たちが「給料を下げて下さい」と自ら社に訴え、養蚕農家も株を買い増して経営を支えた。少し美化された部分もあって、それだけで郡是が立ち直ったわけではないのですが、精神的にも危機を乗り切る重要な要素になっている。創業時も、工場が稼働してからわずか1カ月後に由良川が氾濫し、器械も在庫も水に浸かってしまいます。実録小説「一絲紊れず」には、鶴吉が「郡民（＝地元の株主）の払い込む5円札には血がついとった。血のにじむ5円札で生まれた会社や！」と叫ぶ場面があります。

松本 もし事実なら、あの場面はすごいですよね。

八幡 辛酸をなめ合う。その過程も、会社の強さ、パワーにつながると、鶴吉も渋沢も見ていた。

松本　その考えは強かったと思いますよ。現代資本主義の、わずか3カ月の四半期決算でどれだけもうかったか、株価がどれだけ上がったかといった短期的な思考とは真逆の思想です。短期ではなく、中期、長期、超長期。子どもの世代、孫の世代の時代まで考える未来志向。社会、地域のために企業はどうあるべきかを渋沢も鶴吉も考えた。だから、儲け過ぎるのも良くないし、あまりに急速に拡大し過ぎても良くない。堅実かつ誠実に事業を展開した。

経営者の「能力」と「人格」

八幡　鶴吉は京都にいた約6年間、自分の立身出世のために生きましたが、その間は人生が開けなかった。病で鼻が欠け、破産し、身心ぼろぼろの状態で帰った郷里で「鼻ない先生」と後ろ指を指される。たまたま教員になり、教え子たちの養蚕農家の惨状を目の当たりにしたことで自分の人生をやり直していく。運命的と言いますか、頭で考えてやったことではない。結果的に、地域のための会社を作り、そこから人生が回り始める。それまでは、どんなに頭が良くても成功しなかったのに。京都時代は、才はあるけど、何かが足りなかった。

松本　渋沢は「人間は磁石のようなものだ。能力があり人格が立派であれば、磁石が鉄を吸い付けるように仕事や地位を吸収しうる」と言っています。「能力と人格は両立しなければならない」と。「能力が高くても人格が劣ると駄目だし、人格がいかに優れていても能力に欠けていてはどうにもならない」と。コインの裏表と言うべきか、「能力も人格もともども向上させていかなければならないし、ともども向上するものなのだ」と。渋沢だって、若い頃からとびきり「できる人」だったわけではなくて、蓄積して「できる人」になっていった。連戦連勝ではなくて、失敗もする中で自らを高めていった。

渋沢も実はしくじっている

八幡　渋沢というと「連戦連勝の成功者」というイメージが私はすごく強いのですが、違うのですか？

松本　渋沢が関わった会社でも経営がうまくいかず、たたんだ会社はそれなりの数あるのです。無くなった会社は記録がなかなか残らないので研究対象として踏み込みづらいのですが、失敗は渋沢だってあります。人材が得られなかった、資金が足りなかった、期待していたほど技術やノウハウが伴わなかった、「この人だ」と思って任せた経営者が駄目だった、事業計画にそもそも無理があった—といった理由でお手上げになった会社は結構あるんです。

八幡　へえ！　渋沢でも失敗した会社はあるのですね。

松本　事業が危なくなると、場合によっては、渋沢は私財を投じています。それで何とかクリアした事業もあります。ビジネスにしても、フィランソロピー（社会・地域貢献）にしても、関わった企業500社と600の団体の全てで連戦連勝だったわけではない。いろんな人、資金が集まるのが会社、団体であり、事業ですから、渋沢の思い通りにならないことも起きる。でも、渋沢は投げ出すことはしない、決着がつくまでやり通す。

八幡　記録が少ないということでしたが、分かっている範囲で、渋沢は具体的にはどんな失敗をしているのでしょうか？

松本　渋沢喜作が関わったビジネスは総じてうまくいっていません。

八幡　喜作は渋沢栄一の従兄で、２歳年上の人物ですね。大河ドラマ「青天を衝け」では高良健吾さんが好演されていて、一気に知られるようになりました。

松本　渋沢はアポイントなし、紹介者なしでも人に会うタイプでした。それゆえに、さまざまな人が渋沢のもとを訪ねてきて、「自分はこういうことをしたいので、お金を出して下さい」と頼みに来ていた。渋沢は「考え直せ」と諭すことが多かったようですが、「そこまでやりたいなら自分が関わっても良いし、しかるべき人への紹介状も書くから、今日でも明日にでも会いに行きなさい」ということもあった。こうした中で、個人が持ち込んだベンチャービジネス的な事業はうまくいかなかったケースが多々ある。例えば、東京都の南、小笠原諸島で藍やインディゴを栽培する事業に関わりましたが、失敗しています。北海道でも成果が上がらなかった開墾事業がありますし、同じ道内ですと、流れ着いてくるオットセイを捕獲する事業に手をつけましたが、うまくいかなかった。

八幡　結構失敗してますね（笑）。民放のテレビ番組のタイトルみたいな言い方になりますが、「しくじり先生」ですね。

松本　渋沢は約５００社の設立と経営に関与したと言われていますが、失敗したり、思うように事業が進まなかったりした企業はずいぶんある。

経済に必要なのは「民」

八幡　先ほど「明治維新はリセットではない」という話をしました。「連続性がある」と。ただ、明治期、西洋からさまざまなシステムが持ち込まれて経済が大きく変わったのは間違いない。変えたのは渋沢や鶴吉といった民間人だと思うのです。

松本　ここで言及すべきは五代友厚ですね。「東の渋沢、西の五代」と称されました。

八幡　薩摩藩の武士から実業家に転じた人物ですね。大阪の商工業発展の礎を築いた。NHK朝の連続テレビ小説「あさが来た」でディーン・フジオカさんが演じて一躍有名になり、みんな五代を覚えたという。

松本　説明する時に助かっています（笑）。五代は自分で設立・経営した企業、団体の数は限られるのですが、「種を捲《ま》いた人」です。近代国家に向けた仕組み作り、広い意味でのインフラを整えた。渋沢と同様、五代もヨーロッパに行き、数々の情報を持ち帰った人で、英語も話せました。

八幡　明治政府は殖産興業を進めますが、多くの基礎は民間が作った？　渋沢は鉄道、海運、港湾、倉庫といった文字通りのインフラだけでなく、電気、ガス、石炭、石油といったエネルギーの会社からホテル、劇場、保険まで手がけています。現在の「みずほ銀行」のルーツである「第一国立銀行」を立ち上げて、全国に支店網を張り巡らせつつ、全国各地の銀行創設にも携わっていますね。東京株式取引所、東京手形交換所も創設している。松本先生が言う「広い意味のインフラ」です。

松本　五代も大阪株式取引所、大阪商法会議所を創設し、「大阪経済の父」と呼ばれています。明治政府も鉄道などを展開しますが、うまくいかなかったケースが多い。例えば、渋沢が創設に尽力し、官営で始まった富岡製糸場も三井家に払い下げられています。ビジネス、経済は官がやるには限界があって、民間がやらないとうまく進まない。「民間が広い意味のインフラを整えて、政府は後方支援に徹する。その結果国家や社会がレベルアップしていく」。こうしたスタンスを渋沢も五代も、安田も持っていた。1840年前後、天保年間に生まれた人たちは、時代の大波の中でいろいろ経験し、痛い目に遭いながらも、自分の役割を見つけ、活躍する領域は民間だった。資金を循環させ、仕事を生み出す。そのためには仕組みが必要で、それを作るのは官僚や政治家ではなく、実業家、ビジネスマンの役割なのだと。まさに「実業をもって貢献する」ですね。

八幡　渋沢がすごいのは、会社や制度を作るだけでなく、それを支える人材の発掘、登用もしていた点です。「人のインフラ」も考えていた。

松本　渋沢は地方で篤実かつ堅実な人物をキーパーソンにして、各地の振興を進めました。「○○（地名）の渋沢」と呼ばれた経済人が各地にいます。関西だと、外山脩造（1842～1916年）です。現在の新潟県長岡市出身で、大蔵省（現・財務省）にて国立銀行の検査を担当していましたが、渋沢が「官吏としての理論に傾き、人の仕事の指図許《ばか》りでは実業は発達しない。君の如き学識がある人が実地に就いて勉強すれば、銀行も段々発展して行くであろうから、官を辞して実務に就かれてはどうか」と言われて、大阪の第三十二国立銀行の経営再建に取り組み、日本銀行初代大阪支店長を務めます。その後は、大阪舎密《せいみ》工業（現・大阪ガス）社長、大阪麦酒（現・アサヒビール）発起人および監査役、阪神電気鉄道初代社長を務めています。「関西あるいは大阪の渋沢」と言っても過言ではありません。

八幡　鶴吉は安政５（１８５８）年生まれですから、渋沢や外山といった天保年間世代よりさらに下の世代です。

松本　同じ安政５年の生まれで、渋沢が見い出した人物を挙げると、長岡市出身の福島甲子三《かしぞう》がいます。明治23年に東京市の上水道敷設を担当していた際、渋沢と面識を得ています。渋沢は福島の高い能力と人格に注目し、自身が会長を務めていた東京瓦斯《ガス》の取締役支配人として実務を統括させています。

八幡　そういう意味では、株式会社という仕組みをうまく生かして地域からカネと同志を集めた鶴吉は、渋沢の「合本主義」を体現していますね。二人の接点は現時点で確認されていませんが、もしあれば（※）、「京都の渋沢」と呼べますね。

松本　ここからは仮説ですが、郡是を倒産の危機から救ったのは（銀行王だった）安田です。安田は渋沢と非常に親しかったので、鶴吉に関する何らかの情報は渋沢にも伝わっていた可能性がありま す。あとは横浜。郡是の生糸は横浜から輸出されていましたが、横浜には渋沢喜作が立ち上げた生糸の輸出商「渋沢商店」がありました。渋沢栄一に鶴吉や郡是の話が何らかの形で伝わっていたと思います。

教育が国の未来を拓く

八幡　地方の優れた人材を発掘するだけでなく、渋沢は教育にも力を入れています。

松本　渋沢は外国を意識しています。貿易を拡大し、外貨を稼ぎ、国力を蓄える。そうしなければ、日本が欧米列強の植民地になってしまうという危機感があった。「（経済を発展させるには）教育で国民全体をレベルアップしないと」と思っていた。例えば商業教育。渋沢が創設に協力した商法講習所は一橋大学のルーツです。五代も大阪商業講習所（大阪市立大学の源流）の創設者の一人です。実業教育を広め、深めることで国のレベルが上がると考えた。「商人、職人に学問は不要」「女性に学問は無用」という時代ではないと考えた。

八幡　鶴吉は工女をはじめとする従業員の教育に力を入れ、郡是は「表から見れば工場、裏から見れば学校」と呼ばれました。

松本　渋沢は「男女同権」までは目指していないのですが、「教育で女性も能力を磨くことが必要」とは考えていた。例えば、小学校の教員免許など一定の能力、資格を獲得させて、たとえ夫に先立たれても、自立して子育てできる――。昔で言う「職業婦人」、つまり「賢母」のイメージですね。

八幡　鶴吉も考え方が似ています。鶴吉の没後に郡是社内で生まれる考えなので、イコール鶴吉の考えではないのですが、グンゼでは従業員教育で今も「三つの躾」（あいさつをする、はきものをそろえる、そうじをする）が教えられています。「はきものをそろえる」と聞くと何か道徳的な感じがしますが、「先々のことを考える」という教えで、人生にも役立つ賢い生き方を示している。

なぜ今「渋沢」「鶴吉」なのか

八幡　渋沢が世を去ったのは昭和６（１９３１）年です。90年がたった令和の時代になぜ、渋沢が再び注目されるのでしょうか？

松本　まずは人物としてのスケールの大きさがある。企業約500社、教育から福祉、国際交流、宗教まで約600団体の設立、経営、運営に関わり、アヘン戦争の年から満州事変の年まで、91歳まで生きて活躍した。日本の経営史を代表する企業家・経済人であり、社会事業家です。国際レベルでもスケールが大きい人物です。ただ、日本では注目される時期と注目されない時期があります。景気の良い時期には渋沢は振り返られない（笑）。バブル経済期は相手にもされませんでした。ところが、景気が悪くなると、渋沢にやおら光が当たる。バブルがはじけて先行きが不透明になったり、企業の不祥事が相次いだりした時です。お先真っ暗でどうしてよいか分からない。そんな時に新しい時代を見い出す光明として渋沢から再び学ぼうとする。「論語と算盤《そろばん》」といった渋沢の思想は、誤解を恐れずにあえて言えば、ごく当たり前のことを言っているだけで、「自分本位ではいけない」―「世のため人のため」「誠実、誠意をこめて何事もすべし」「嘘をつくな、不正をするな」なんですね。

八幡　逆に言えば、現代は、企業は自社の短期的利益を求めがちで、モラルを逸脱する社も多い。企業だけでなく、個人も投機的な行動に走りがちです。

松本　まさに「今だけ、カネだけ、自分だけ」です。

八幡　国家に目を向けると、米国がドナルド・トランプ大統領の時代（2017年1月～21年1月）に「アメリカ・ファースト（米国第一主義）」を掲げて自国の利益を最優先しました。中国、ロシアも軍事行動を伴う露骨な国益最優先で、現代は、渋沢が生きた帝国主義の時代を彷彿《ほうふつ》とさせます。

松本　大統領がジョー・バイデンに代わっても、問題は解決したわけではない。トランプ的な考え方は欧州にも蔓延している。日本もそうで、解決の糸口が見つからず、子の代、孫の代でどうにもならなくなるのではないかという懸念が広がっている。

八幡　もし渋沢が生きていたら、「中国と日本はこれからどうつき合ってゆけば良いでしょうか？」と私は質問してみたいですね。

松本　おそらくですが、「共存共栄できる道を探れ」と言うでしょうね。実は中国で渋沢の評価は高まっています。同じアジアの日本を経済発展に導き、かつ、持続させた。しかも、(中国発祥の)論語を丁寧に学び、ビジネスに活かしたという点が注目されているのです。北京大学でも研究されているそうですし、他の大学でも研究機関や講座が設けられています。

八幡　経済大国になった中国が日本を顧みるとは驚きです。

松本　中国は、バブル崩壊以後の日本の「失われた10年」「失われた30年」の失敗からよく学んでいます。中国は日本より急激に経済成長したので、当然ひずみも大きい。ビジネスのスタイルも留学組が中心の米国式で、短期利益を求めがちです。そうした状況に対する危機感を中国政府はかなり持っていて、欧米的ではない、東洋的なビジネスの在り方、思想を渋沢から学ぼうとしているそうです。

「まず足元から新しいを」

八幡　鶴吉は渋沢より早い大正7(1918)年に60歳で早世しています。もし、渋沢のように昭和初期の1930年代まで生きていたら、松本先生は何を質問してみたいですか？

松本　1920年代から日本は不景気に陥り、郡是は逆風にさらされます。「鶴吉が生きていたらどんな経営をしたか」は気になりますね。

八幡　鶴吉は製糸業をずっとやったにもかかわらず、生前、「人造絹糸《けんし》（レーヨン）の進歩も大いに注意を要す」という言葉を遺しています。生糸の時代の終わりと化学繊維の時代の到来を予見していた。

松本　実際には、鶴吉が急逝したことによって、（鶴吉の右腕で生涯ナンバー2を貫いた）片山金太郎や（鶴吉の後、社長になった）遠藤三郎兵衛に経営のバトンが渡って、郡是は鶴吉の会社では徐々になくなっていく。逆に言えば、彼らだったからこそ、20年代から30年代前半の厳しい時期を乗り切れたのかもしれないと考えられるわけで、存命であれば鶴吉が経営者としていかに手腕を発揮したのかは興味があります。

八幡　確かにそこは興味が湧きますね。ただ、時代を見通す目は鶴吉も渋沢と同様に確かでした。いま、日本では東京一極集中が進み、多くの地方は人口減少が進んで経済が縮小しています。処方箋を尋ねられたら、渋沢は何と答えるでしょうか？

松本　「政治家にこびず、官任せにせず、民間の立場から自分たちで考えて行動を起こせ」と鼓舞するでしょう。「情報もろくにない幕末、明治に我々はやったのだから、君たちだってできる」みたいなことを言うのではないでしょうか。

八幡　鶴吉もそう言う気がします。

松本　「まずは足元からでしょ、何も無いわけではないのだから」と地域資源を生かすことを考えさせるでしょうし、ＡＩ（人工知能）やＤＸ（デジタル・トランスフォーメーション＝デジタル変革）など「新しいものはどんどん取り入れなさい。何事にも前向きに取り組みなさい」とも言うでしょうね。

八幡　渋沢も鶴吉も企業家ですから、今なら、地域資源をＩＴ（情報技術）で生かす方向の事業を興したかもしれませんね。蚕糸業は、明治時代における先端産業だったわけですから。渋沢も鶴吉も悪戦苦闘して自分なりの役割、答えを見い出していったわけで、「答えを下さい」と現代人が問うのは、おこがましい気がしてきました。

松本　特効薬はどこにもない。時代は自ら考えて切り開いていかねばならない。そうしなければ、社会も地域も豊かになることも存続することもできない。時代は変わっても、そこは変わらないと思います。

八幡　確たる答えはどこにもない。二人は答えを持っている人ではなく、「あなたたちもやりなさい」と言う人たち？

松本　「一緒にやりましょう」と言う人たちですね。「今は人と人がつながりやすくなっている時代なのだから、まとまってやりなさいよ」と。

八幡　「インターネットで世界とつながることができる時代なのだから」と。ツイッターとかインスタグラムとか、あと、（音声ＳＮＳの）クラブハウスとかもやりそうですね（笑）

松本　最先端のことをやるのはいいとわなかったと思いますよ。

※対談から1カ月後の2021年4月、グンゼの調査で、鶴吉が明治45年5月4日に渋沢の講演を聞いていたことが判明した。鶴吉の日記に記述が見つかった。

補　章　現代のグンゼ

挑戦

モヤシから半導体まで

プラスチックフィルムを生産している守山工場

京都市内の大手スーパー。買い物客でにぎわう生鮮品売り場に2社のモヤシが並ぶ。そこに毎週買い物に行くと気づくことがある。中身がくっきり見える商品からまず売れていくのだ。袋には「オリエンティッド・ポリプロピレン（OPP）」と呼ばれる薄いプラスチックフィルムが使われている。OPPはグンゼ守山工場（滋賀県守山市）で生産されている。「『中身が曇らず、モヤシがシャッキっと新鮮に見えるパッケージが作れないか?』。このフィルムはそんな顧客の声から生まれました」。同工場をはじめとするグンゼのプラスチック部門を統括するプラスチックカンパニー長の岡高広さん（57）が工場を案内しながら話す。

　OPPをはじめとするグンゼの多種多様なプラスチックフィルムは、ソーセージや菓子、冷凍ピザのパッケージから、緑茶のペットボトル、化粧品や洗剤といった容器を包むものまで幅広く使われ、スーパーやコンビニエンスストアで目にしない日はない。現在では

グンゼのOPPフィルムが使われているキノコやモヤシ、菓子のパッケージ

食料・生活用品だけでなく、スマートフォンや電気自動車を構成するハイテク部品にも用途が拡大。守山工場では、半導体チップの製造土台となる多層シート「ダイシングテープ」を、神奈川県伊勢原市の工場では、リチウムイオンバッテリーの絶縁となる「チューブ」を生産している。

「営業がつくり、工場が売る」

フィルムは素材によって特性が異なる。ポリエステルは耐熱性と強度があるが、複雑な形の容器だとシワができ、仕上がりが悪い。ポリスチレンは逆に仕上がりは良いが、熱に弱く、袋にすると曇りやすい。

グンゼは、それらを重ねて、いわば「いいとこ取り」をした3〜7層の異種多層フィルムを1960年代以降に次々と開発。フィルム業界で独自の地位を築いてきた。中でも、モヤシやキノコの袋に使われ、主力商品となっているOPPは、モヤシなどから水蒸気が出ても、袋の内側が曇らない「防《ぼう》曇《どん》」性が高く、圧倒的なシェアを誇っている。

グンゼのプラスチック事業は、ストッキング生産に使っていたナイロンをフィルムに転用したことで大きく発展した。岡さんは「ナイロンフィルムの業界は参入した60年代にはすでに他社が6社もいる状況で、当社は最後発。先輩達が悪戦苦闘して他社にはない商品を開発し、差異化することで事業

プラスチックカンパニー長の
岡さん

を拡大してきた」と振り返る。

プラスチック部門で生まれた言葉がある。「営業がつくり、工場が売る」だ。「顧客の困り事や、時代によって変化するニーズに営業が気づき、工場が具体化する。開発できた時点でその商品はすでに売れている」という意味で、OPP開発では、営業社員が、フィルムを納品する印刷会社ではなく、そのさらに先のユーザーであるキノコとモヤシの生産会社を回り、「うちの商品どうですか？」と質問を重ねることで、防曇性の需要を聞きつけ、工場が2年がかりで開発した。

最初期の60年代に開発された収縮フィルムでは、ズワイガニの包装に使われると決まると、社員が漁船に2カ月半乗り込み、零下20度の荒れるベーリング海でフィルムの性能を確かめた。「顧客の皆様から直接ニーズを聞き、最適なフィルムをピンポイントで開発してきました」。2年前まで営業統括部長で、守山工場長（取材した2021年3月当時、現在はプラスチックカンパニー次長）の花岡裕史さん（55）は話す。

波多野鶴吉が創業した郡是製絲株式会社は1901（明治34）年から14（大正3）年まで、米国のスキンナー商会に生糸を輸出した。商会は不良部分にカードを巻き付け、「再びこのようなことがないように」と注意するほど厳しかったが、郡是はそのクレームに一つ一つ応えることで品質を世界最高水準にまで高めた。郡是のDNAは社名が「グンゼ」と変わった今も守山工場に息づいている。

「環境」という新たな声

グンゼは、地球環境問題を憂いる社会のニーズにも敏感に反応している。マイクロプラスチックの海洋流出が世界的に問題視される中、守山工場は、プラスチックフィルムのリサイクルといった資源循環と、再生可能エネルギーの活用を主軸にした「循環型工場（サーキュラーファクトリー）」へ進化する事業に2020年から着手した。現工場を順次再開発し、26年までに、粉砕器や溶融炉を備えた「リサイクルセンター」のほか、太陽光や地下水を利用した新工場、エコオフィスを稼働させる予定だ。

グンゼの廣地厚社長（61）＝取材した2021年3月時点、同年6月から会長＝は「生産したプラスチックを回収し、循環させる仕組み作りや、再生可能なプラスチックを開発してアパレルで活用していくといった試みが将来できれば」と展望する。

鶴吉が125年前に掲げた創業の精神「地域との共存」は「地球との共存」に広がろうとしている。

原　点

体内に吸収される「血管」

2011年8月18日、米国エール大学のエール小児病院。3歳8カ月の女児が3度目の心臓手術を受けた。執刀したのは小児心臓外科部長を務める新岡俊治医師＝当時（51）、現在はオハイオ州立心臓外科

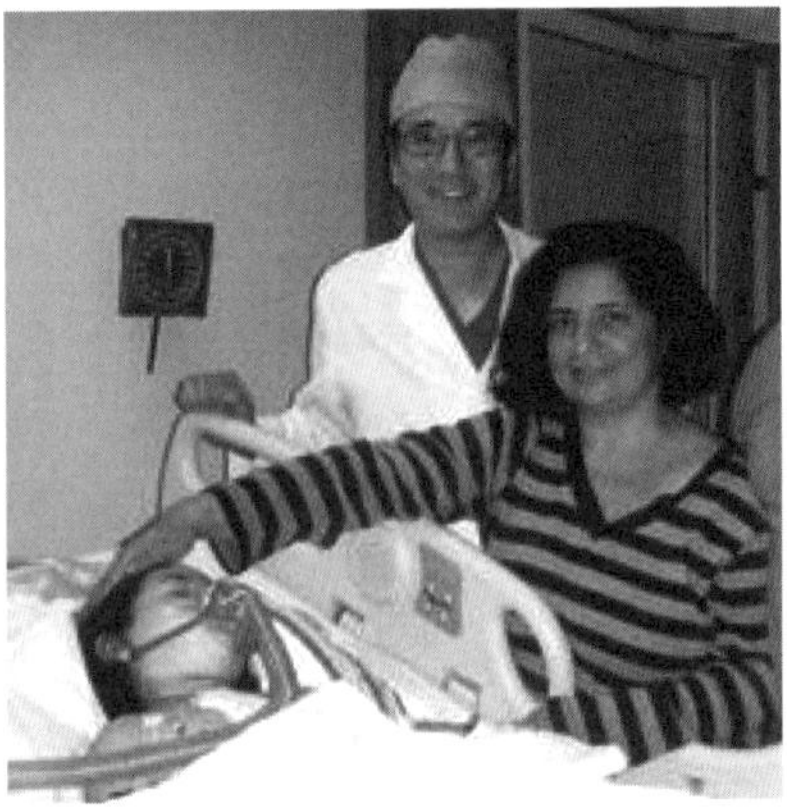

手術当時のアンジェラちゃん（手前左）と新岡医師（中央）

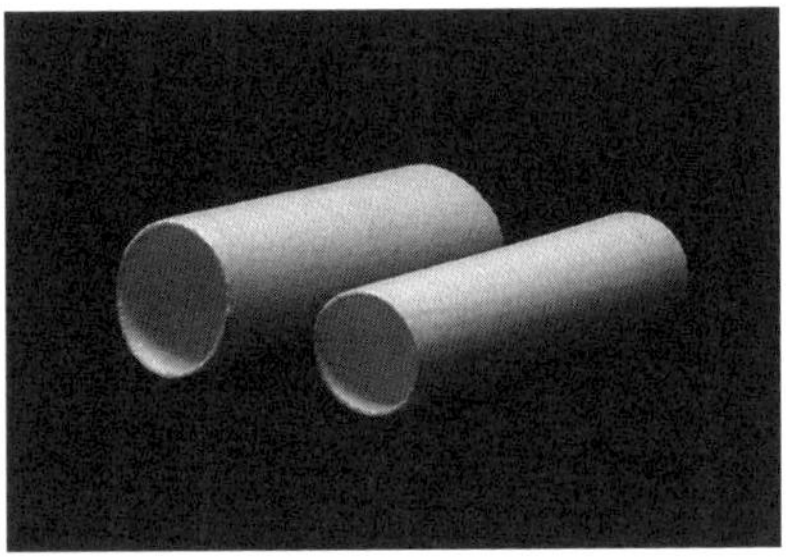

グンゼが開発した再生血管

大学教授＝。グンゼが開発した再生血管（血管再生基材）が米国で初めて人体に埋め込まれた瞬間だった。

女児の名はアンジェラ。生まれつき心室が一つしかない疾患「単心室症」だった。全身から戻る酸素が少ない血液と、肺からの酸素が多い血液が混ざってしまうため、臓器など全身の機能が鈍り、死に至る難病。彼女は生後6日で救命手術を受けていた。

「手術をしなければ1カ月も生きられない状態でした」。新岡医師は振り返る。アンジェラちゃんは07年12月の救命手術で当面の危機は脱したが、命を永らえるには、さらに2回手術して、人工的な血管で下大静脈を肺動脈にバイパスし、下半身から戻った血液が直接肺に流れるようにしなければならなかった。

単心室症の手術では長年、樹脂製の人工血管が使われてきた。だが、樹脂製は成長に応じて交換する必要があり、度重なる手術は重荷となって人生にのしかかる。一方、グンゼが開発した再生血管は体内で二酸化炭素と水に分解、吸収されるため、再手術の必要がない。手術の2時間前に患者の脊《せき》髄《ずい》から採った細胞を付けて体内に入れると、再生血管が吸収される8カ月ほどの間に細胞が集まって「新たな血管」が作り出され、置き換わる。

再生血管を用いた3度目の手術は6時間かかって無事に成功した。10年たった今も、新岡医師はアンジェラちゃんと会う。元気に走り回れるようになり、最近は「医療の道に進みたい」と話している、という。

再生血管を用いた子どもの心臓手術は世界に先駆けて新岡医師が研究を始めた。命に関わるため臨床試験には長い時間がかかるが、単心室症の子どもは毎年、米国で約4千人、日本で約800人生まれていると推定され、走ることさえできない困難に直面している。新岡医師は「再生医療は多くの心臓疾患で活用が期待できる。何万人もの子どもたちの将来がかかっている」と決意を新たにしている。

「子どものため」変わらぬ原点

グンゼは1980年から、体内で吸収される縫合糸や人工皮膚の開発に取り組んできた。開発のきっかけは、生体吸収性材料を研究していた筏《いかだ》義人・京都大学医用高分子研究センター教授（当時）との出会いだった。

81年、グンゼの遠藤源太郎専務が筏教授の研究室を訪ね、「これからグンゼは、どういう分野に進出すればいいと思いますか」と率直に質問。外科手術で使う生体吸収性縫合糸が高額な海外製しかないことに不満を感じていた筏教授は「国内メーカー初の吸収性縫合糸を開発して下さい」と進言し

森田真一郎・メディカル事業部長
（肩書きは取材時）

た。グンゼはメディカル開発室を85年に開設。筏教授も開発に加わり、86年に製品化した。

メディカル事業部長（取材した2021年3月当時、同年6月から監査役）の森田真一郎さん（63）は縫合糸に続く製品「人工真皮」の研究開発・製品化に88年の入社以来、携わってきた。人工真皮は再生血管と同様、吸収される間に患者の細胞に置き換わる人工の皮膚。「グンゼが技術を全く持っていない分野で開発は一からのスタート。筏教授の研究室で学生が作っているのを見るところから始めました」と振り返る。

人工真皮や再生血管といった再生医療の製品の多くを、グンゼは筏教授をはじめとする研究者と二人三脚で開発してきた。役立ったのは自社の「至誠」の社風だったという。「研究者から試作を頼まれれば、しつこく話を聞いてまじめに作る。そうやって信頼を築いてきました」（森田さん）。

メディカル（医療・健康）事業を、グンゼは製糸、アパレル、プラスチックに次いで将来を担う「第四の創業」と位置づけ、製品の多くを創業地である綾部市の工場で生産している。

生体吸収性材料が不可欠とされている医療分野がある。体の部位の再建手術だ。アンジェラちゃんのような心臓疾患をはじめ、生まれつき耳が欠損している「小耳症」といった子どもの医療での活用が期待されている。「ものづくりで社会の役に立ちたい。そう思っているのは私だけではないはず。

仕事には夢がないと」。森田さんは口にした。

社会のため、子どもたちのため――。波多野鶴吉が志した創業の精神は、１２５年がたった今もグンゼに息づいている。

「社会に役立つプライドを」「世界は変わる。『何ができるか』。社員一人一人に問う」

インタビュー　グンゼ株式会社 代表取締役会長　廣地《ひろち》 厚《あつし》

グンゼは2021年、創業125年を迎えた。この間、創業者の波多野鶴吉を含め16人が社長を務めてきた。トップは何を感じ、何を考えているのか。社長を2021年6月まで4年間務め、会長となった廣地厚さんが自らの歩みを入り口に「グンゼの過去、現在、未来」を語った。

社長に就任した2017年、国内外の工場や事業所を回り、時には酒を酌み交わしながら、現場の社員たちと言葉を交わしてきました。そんな中で「ややもすれば〝古き良き伝統を守る〟という考え方が社内で勝ちすぎている」と危惧するようになりました。グンゼは本来、次の危機に備え、新しいことにどんどん挑戦してきた企業なのですが、それが今は「変えない」ことに収れんしがち。我々は原点に立ち返らないといけない、と思っています。

―グンゼに入社したのは「偶然」だった。

学生時代に就職活動に出遅れて、「とにかくどこかの会社にひっかからなくては」と会社訪問を重ねていた時、出会った会社がグンゼでした。父が紡績会社に勤め、繊維系の会社に親しみを持っていたこと、また、文系でもものづくりに携わる余地がアパレルにあると感じたことが理由でした。

入社したのは1983年。関東の靴下販売課に配属されました。問屋や小売に靴下やストッキングを売り込むのが仕事です。スーパーや百貨店が衣料品売り場を改装するたび、商品の陳列から清掃まで全作業をメーカーの営業である私たちがやる。休日の前日、閉店した午後7時半に売り場に入り、深夜にクタクタになるまでやりました。

グンゼ大阪本社でのインタビューに笑顔で応じる廣地会長

仕事に慣れたら慣れたで失敗もしていて、ショートストッキングの発注を間違えました。業界では10足を「1デカ」と呼び、その単位で発注するのですが、入社3年目の冬、6千足の注文を「6千デカ（＝6万足）」と工場に誤発注してしまい、「お前、こんな寒い時期にショートストッキングの発注を入れるバカはいないだろ！」と怒られました（笑）。工場ではすでに6万足製造されてしまっていて、大変なことになりました。

廣地厚（ひろち・あつし）
1960年大阪府生まれ。83年に岡山大学を卒業、グンゼ入社。靴下などアパレル事業に一貫して携わった。2017年から社長。21年６月から会長

―「至誠」といったグンゼの精神を少しずつ理解できるようになったのは、働きながらだった。

１９９０年前後はドリンク剤のテレビＣＭで「24時間戦えますか」という文句がはやっていた時代ですから、今と違って、朝早く寮を出て、夜中まで働きました。そんな中で「おたくの会社の製品は流行に乗ってはいないが、いい商品だ」「洗濯しても洗濯しても縮まない」といった取引先からの言葉が耳に入ってくる。社内の先輩たちも手を抜かず、きっちり仕事をしている。そういった体験が自分の中でだんだんひも付けされていって、「なるほどな」と理解していきました。

―入社20年目の２００３年にはレディス&レッグカンパニーレッグ商品開発課長に。待っていたのは逆風だった。

弊社は「ＹＧ」や「ＢＯＤＹ　ＷＩＬＤ（ボディワイルド）」といったブランド名で肌着を製造販売していますが、ストッキングでは、化粧品会社のブランドとして販売するＯＥＭ商品も数多く製造し、納めていました。私が課長になった時はアジアでの販売がピークを過ぎ、売り上げが年々減っていく状況。「こんな商品があります」と代理店や化粧品会社にどれだけ提案しても売れない。でも、

私は楽しかった。

自社の商品を提案し、採用され、売り上げが生まれるわけですが、売り上げが減った分をどう補うかを考えるのが面白かった。夏なら「UV（紫外線）対策」、冬なら「防災」「暖かい」といったテーマを企画して売り込む。全体としては大きなもうけにならないし、苦労も多いけど、「この部分だけは絶対に弊社に下さい」という所を獲る。「ここを獲るから」と社内も説得する。

最近でも、社長になる前の1年間、経営戦略部にいたのですが、アパレル以外の業種の報告を会議で聞きながら、「俺ならこうする」「これはいいアイデアだな、アパレルでも役立つな」と考え続けていました。常に頭の中でトレーニングをする。それが今も役立っています。

―2017年に社長に就任。20年度まで（新型コロナウイルス禍で21年度まで延長）の中期経営計画「CAN20」を児玉和前社長から引き継いだ。

中期経営計画では、「コスト」「品質」という、ものづくりの一番大切なところを、まずしっかり押さえていきました。例えば、アパレルでは、AI（人工知能）やIT（情報技術）を積極的に取り入れて、各工場がそれぞれ一番得意なものを集中的に作れるようにした。販売でも、代理店や量販店に商品を納める間接販売を今まで主にやってきましたが、「BODY WILD」「YG」といったインナーウェアとレッグウェア（ストッキング、ソックス、レギンスパンツ）では、直営店を始めました。以前は卸の関係で難しかったのですが、アマゾンの台頭など、インターネットによって世界の流通構造が大きく変わる中で、今までのスタイルを守っているだけでは社の存亡に関わる。次を見据えて、新たな行動を起こしていくことにしたのです。

直営店をやることで、見えてきたことがあります。「グンゼはファッション性がイマイチ」となぜ言われてきたのかが分かるし、手持ちの商品ラインナップだけでは品揃えができないと気づく。「何が足りないか」「良い商品とは何か」が鮮明に見えてくる。そのメカニズムが、ようやく社内で動き始めました。

―社会では、125年前の創業時には言葉すら無かった「環境問題」といった新たな課題も生まれている。マイクロプラスチックの海洋流出が問題視されるなど、グンゼが主力事業としてきたプラスチックにも厳しい目が向けられ、国連で定められた「SDGs（持続可能な開発目標）」といった大きな目標への関心も高まっている。

プラスチックは私たちの暮らしに確実に役立っている。一方で「地球環境に良くない」とイメージする人も多い。「自分の仕事は社会の役に立っているのか」と疑問を抱く社員がいても不思議ではない。それを、どういった形で良いモチベーションに置き換えていくかが課題です。守山工場（滋賀県守山市）では、プラスチックをリサイクルする「サーキュラーファクトリー」という取り組みを進めていますが、それを例えば、再生プラスチックをアパレルでも使っていくといった形で広げていく。グンゼの全事業が何らかの形でSDGsに関わり、会社全体で見ると「グンゼ版SDGs」ができている。そこに向かって社員一人一人が「何をできるか」を考えていく。意識改革には1年、2年かかると思いますし、ビジネス化していくにはさらにいくつものハードルがありますが、やりとげたい。

―グンゼは「人間尊重」「優良品の生産」「共存共栄」を「経糸《たていと》」として理念に掲げてきた。一方、「緯糸《よこいと》」として、生糸に始まり、アパレル、プラスチック、医療と新たな分野への進出、変化をいと

わなかった。

「第４の創業」と呼んでいるメディカル（医療・健康分野）を次の収益の柱にしていきたい。先ほどのサーキュラーファクトリーもその一環ですが、いま主力のプラスチックフィルム事業も姿形を変えていくことは大いにありうる。一方で社内では、「新型コロナウイルス感染症によって世界がこれだけ変わっていて、そこで何ができるかを考えようぜ」と呼び掛けても、まだピンと来ていない社員も多い。働き方改革といったことすら弊社はまだ道半ばです。「自分が取り組んでいる仕事が、自分が働いている工場が、グンゼという会社が、地域にこれからどんどん役立っていくんだ」と。そういうモチベーションを社員一人一人がどう高め、プライドにしていくかに取り組む必要がある。「何ができるか考えようぜ」と社員一人一人に問い掛けていきたい。

グンゼの売上高はまだ１３００億円～１４００億円台で、この規模では世界のお役には十分立てないとも思っています。社を大きくすることにもこだわっていきたい。

発刊に寄せて

「このまちで政を志すなら、この本ぐらいは読んでおけ！」。50歳を機に故郷にUターンして市長選の準備を始めた頃、今は亡き父がこう言って書斎から取り出し、手渡されたのは『波多野鶴吉翁伝』であった。

ふだんは多くを語らぬ父であったが故に、今も鮮明に覚えている。父は郷土史家としてこのまちの歴史研究に長く関わってきたこともあり、グンゼの存在の意義を誰よりも知る一人として、それを愚息に伝えたかったのだろうと懐かしんでいる。そういえば、私が生まれたのは郡是病院（現市立病院）。また育った家はグンゼの役員宅を父が買い取ったものと仄聞している。この家から今も毎朝、役所に通う。隣家も同社宅として社員や病院の医師等が住んでいて、その子息たちと毎日のように遊んでいた記憶がある。仲良くなった頃に転校し寂しい別れを経験したものだが、学校でも毎年、転校生の出入りが複数あり、その多くはグンゼ関係者の転勤に伴うものであったように思う。

綾部駅の北側には工場や社宅が建ち並ぶグンゼの敷地が一面に広がり、私の家からそこに至る由良川沿いには蚕の餌となる桑畑が延々と続いていた。また敷地内には専用の引き込み線やグラウンド、社員向け浴場もあったと憶えている。隣接する西町商店街は仕事を終えた女性従業員で賑わい、今も界隈に化粧品や和菓子、呉服の商店が多いのはその名残という。確かにグンゼはこのまちにとって、同社の企業城下町とも言えるほど社会経済活動に組み込まれ、市民からも誇りと親しみを込めて受け入れられた存在であった。

そんな綾部の変遷とグンゼの関わりを、創業者波多野鶴吉の生涯をたどることで記した新著が上梓される。著者の八幡一男氏は京都新聞綾部支局の記者として市政や地域の情報を発信する傍ら、多くのグンゼ関係者や市民からの聞き取りなど独自取材をベースに執筆を重ねられた。同紙上で1年半にわたるシリーズ33回分の集大成が本著である。グンゼの起業や創業者について記した著作といえば、先述の『波多野鶴吉翁伝』や作家山岡荘八による『妍蟲記』、同じく和田傳の『一絲紊れず』、四方洋著『宥座の器』等がつとに有名であるが、更に本著により新たな史実や逸話、そして今まで十分に解明しきれていない歴史の一端が世に開示されることになった。京都新聞社の慧眼と八幡氏の尽力に対し深甚なる敬意を表すると同時に、郷土をひときわ愛する地元住民の一人として心から感謝申し上げる次第である。当地への転勤をグンゼとの縁と捉え、まるで鶴吉翁に導かれるかのように本著を結実された、と言えば穿ち過ぎであろうか。

私も市長に就任して10年余、父からの遺言代わりとなった鶴吉翁伝に導かれるように、この会社と連携したまちづくりに邁進してきたと言っても過言ではない。例えば、グンゼ敷地を活用した市立病院の増棟や観光拠点としてのあやべグンゼスクエアの整備、ものづくり拠点となる北部産業創造センターの設立、その他にも同社との連携により実現した道路の拡幅・延伸や住宅街の新装、商業施設の誘致は、かつて〝駅裏〟と呼ばれたこの辺りの様相を一変させ、中心市街地としての機能と付加価値を飛躍的に高めた。今後さらに新図書館や地域交流センター、子育て支援施設等の複合施設の整備計画も控えている。

当初は本社事務所だったグンゼ記念館には、同社所蔵の巨大な鳥瞰図「五十年後ノ蚕都」が展示されている。昭和2年に作製されたもので、半世紀後の同社の資本金をはじめ綾部の人口、世帯数や蚕糸業、観光、行政施設など未来予想図が精細に描かれている。当時の地元蚕糸業団体の手になるものだが、郡是製糸がその中心的存在であったことは想像に難くない。病院や大橋など実現しているものもある一方、人口17・5万人をはじめ大学や動物園、寺山へのケーブルカーなど叶わぬ〝夢〟もある。しかしながら、社業のみならず地域全体の発展を願って「郡是」（何鹿郡の進むべき道）を社名に冠した創業者の熱い想いが、まさにこの未来図に凝縮されているものと感慨を深くする次第である。時あたかも創業125周年の節目を迎え、改めて〝蚕都〟として栄えた本市とグンゼの歩みを市民と共有する機会を持ちたいと思う。

現在、鶴吉翁の功績を讃えると同時に、グンゼと綾部の関わりを内外に顕示することを目的に、翁と妻はなの生涯をＮＨＫ朝の連続テレビ小説として実現する活動を展開している。誘致協議会を設立し、既に5万人を超える賛同署名を全国から集め、関係先に精力的に働きかけている。本著が世に問われることで、その実現に更に弾みをつけるものと期待を募らせつつ、拙稿の筆をおく。

令和3年11月

山崎　善也
（綾部市長）

あとがき

生きている歴史

２０１７年10月、京都新聞記者の私は、京都市内の本社を離れ、京都府北部・綾部市にある綾部支局に赴任した。「支局」と言っても部下無し、事務員がいるだけの「１人支局」である。記者として現場を歩いて20年、激務と人間関係に疲れ切り、「人生を考え直したい」と地方への赴任を願い出た。

綾部市は人口３万１千人。過疎高齢化が進む一方、田舎に移住する人のバイブルとなった塩見直紀さんの名著「半農半Xという生き方」の舞台でもあることは赴任前から知っており、「何かがある」地域とは思っていた。いざ綾部支局に赴任すると、驚きの連続だった。

態度も言葉遣いも優しい人が多い。医療が充実し、町の中心部にある商店街「西町アイタウン」も過疎地で見慣れた、いわゆる「シャッター通り」にはなっていない。自動車や家電のメーカーなど大手企業にネジを供給している日東精工をはじめ、グンゼ以外にも企業が多い。確かに、進学や就職で高卒者の多くは町を出るし、娯楽も限られてはいるが、医療や福祉、雇用は充実し、住み続ける人の多くは「綾部は暮らしやすい」と口をそろえる。「それはなぜか」。考えた先にグンゼがあった。

本書に記してきた通り、グンゼは波多野鶴吉が「郡是製絲株式会社」の名で綾部に創業した。綾部市立病院は郡是が設立した病院が前身だ。西町アイタウンももとは、郡是創業を機に機械工業をはじめとする地元の商工業が発展したことに始まっている。日東精工も「郡是で女性の働き口はできたから、次は男の働き口を作ろう」と地域の名士たちが立ち上げた会社だ。地方の衰退が全国で叫ばれる中、人口減少にあえぎながらも綾部が希望を失わない地域たりえているのは、「地域のやるべきこと」という意味の「郡是」の歴史が今も生きているからだ。

鶴吉について、綾部市民の多くは「鶴吉翁」と敬称を付けて呼び、「偉人」として語る。もし、鶴吉が完全無欠の偉人であったなら、私は興味を持たなかっただろう。だが、鶴吉の没後100年を記念して上演された市民劇を取材する中で、鶴吉が23歳で破産し、周囲の信用を全て失い、遊学先の京都から故郷・綾部にぼろぼろになって帰ってきたことを知った。その時に思ったことを非常に不遜だが書く。私は鶴吉が他人とは思えなかった。本社で疲れ切り、人の信も得られず、逃げるように綾部の地にやってきた自分に不遜にも重ね合わせた。先輩の勧めもあり、18年10月、鶴吉の人生をたどる連載を京都新聞朝刊の丹後中丹版で始めた。

連載でも本書でも、鶴吉の青年期に特に紙数を割いた。鶴吉本人があまり語らず、資料もほとんど残っていないため、「謎」とされてきた時期だが、「偉人」としての鶴吉ではなく、一人の人間として苦悩しながら前に進んだ鶴吉を等身大で描くことに注力した。本書収録の対談で、京都産業大学の松本和明教授に「鶴吉や渋沢栄一が今生きていれば、東京一極集中と地方の衰退にどんな処方箋を出すか」と尋ねた際、「『自分たちで考えて行動を起こせ。我々はやったのだから、君たちだってできる』と言うでしょう」とお答えになられたのが、増補時の取材で何よりも印象に残っている。

日本は鶴吉や渋沢が築いた近代国家としての繁栄期を過ぎ、経済は成長せず、地域は疲弊し、個人わ見舞に困難や不幸思わぬ、でいても生きて真面目にどんなに。は「格差」を怨嗟《えんさ》する時代に入った。どんなに真面目に生きていても、思わぬ不幸や困難に見舞われ、自暴自棄になる人もいるだろう。そんな時、幕末・明治という大きな時代の波に翻弄されながら、人生をやり直し、人の為に生きた鶴吉の人生を伝えることは、誰かの役に立つのではないかと思い、連載を続けた。連載に1年半、増補に10カ月をかけ、本書の出版に至ったが、少なくとも私は綾部に赴き、鶴吉の人生に出会うことによって救われた。この本を読まれた方が、同じように救われることを願ってやまない。

2021年冬

八幡　一男

主要参考文献

「波多野鶴吉翁伝」村島渚（郡是製絲株式会社、1940年）
「波多野鶴吉翁小伝」小雲嘉一郎（波多野鶴吉翁顕彰会、1957年）
「一絲紊れず―蠶絲界の先覺・波多野鶴吉―」和田傳（農業之日本社、1944年）
「妍蟲記」山岡荘八（1947年）
「グンゼ株式会社八十年史」（グンゼ株式会社、1978年）
「グンゼ100年史」（グンゼ株式会社、1998年）
「お客様とともに　グンゼ100年のあゆみ」（グンゼ株式会社、1996年）
「波多野翁講演集」（郡是製絲株式会社、1919年）
「啓蒙方程式」波多野鶴吉（1878年）
「信仰の事業家片山金太郎」大道幸一郎（1941年）
「京都府立綾部高等学校　創立百周年記念誌」（京都府立綾部高等学校同窓会、1994年）
「私達の自分史」長井淳太郎（1989年）
「京都市政史　第1巻　市政の形成」京都市市政史編さん委員会（京都市、2009年）
「アエラムック企業研究　グンゼｂｙ ＡＥＲＡ　明日をもっと、ここちよく」（朝日新聞出版、2016年）
「増補版　宥座の器―グンゼ創業者波多野鶴吉の生涯―」四方洋（あやべ市民新聞社、2016年）
「銀行王　安田善次郎　陰徳を積む」北康利（新潮社、2013年）

［著者］

八幡 一男（やはた・かずお）

新聞記者。1974（昭和49）年、大阪府四條畷市生まれ。大阪市立大学卒。97年、京都新聞社入社。京都府・滋賀県の総局、社会報道部、文化報道部などを経て、2017年に綾部支局長に。18年10月～20年４月、京都新聞朝刊の丹後中丹版（地方面）で「グンゼ創業者　波多野鶴吉をたどる」を隔週で33回連載した。

郡是《グンゼ》―創業者 波多野鶴吉

発行日　2021年12月22日　初版発行

著　者　八幡　一男

発行者　前畑　知之

発行所　京都新聞出版センター
〒604-8578　京都市中京区烏丸通夷川上ル
Tel. 075-241-6192　Fax. 075-222-1956
http://www.kyoto-pd.co.jp/book/

印刷・製本　創栄図書印刷株式会社

ISBN978-4-7638-0762-5　C0021